SUPER**PAPÁ**

Amat Editorial, sello editorial especializado en la publicación de temas que ayudan a que tu vida sea cada día mejor. Con más de 400 títulos en catálogo, ofrece respuestas y soluciones en las temáticas:

- Educación y familia.
- Alimentación y nutrición.
- Salud y bienestar.
- Desarrollo y superación personal.
- Amor y pareja.
- Deporte, fitness y tiempo libre.
- Mente, cuerpo y espíritu.

E-books:

Todos los títulos disponibles en formato digital están en todas las plataformas del mundo de distribución de e-books.

Manténgase informado:

Únase al grupo de personas interesadas en recibir, de forma totalmente gratuita, información periódica, newsletters de nuestras publicaciones y novedades a través del QR:

Dónde seguirnos:

 | @amateditorial

  | **Amat Editorial**

Nuestro servicio de atención al cliente:

Teléfono: **+34 934 109 793**

E-mail: **info@profiteditorial.com**

Pep Planell

SUPERPAPÁ

consejos esenciales
para padres noveles

© Pep Planell, 2023
© del prólogo: Roger de Gràcia, 2023
© Profit Editorial I., S.L., 2023
 Amat Editorial es un sello de Profit Editorial I., S.L.
 Travessera de Gràcia, 18-20, 6° 2ª; Barcelona-08021

Diseño de cubierta y maquetación: XicArt
Ilustración de cubierta: Judith Sala

ISBN: 978-84-19341-53-2
Depósito legal: B 1289-2023
Primera edición: Febrero de 2023

Impresión: Gráficas Rey
Impreso en España - *Printed in Spain*

ÍNDICE

A Judith, la madre. Gracias por Todo.

QUERIDO LECTOR...

Este es un libro escrito por un hombre, según su experiencia de hombre y de padre. Y va dirigido a otros hombres que serán padres muy pronto o que lo han sido por primera vez hace poco tiempo.

Este libro quiere ser una ayuda para los primeros meses y años del bebé. Porque saber algunas cosas al principio de todo os puede ayudar a no tener que rectificar más adelante.

Hacerlo bien desde un buen principio nos facilitará la vida.

Quienes ya estéis esperando un segundo o tercer hijo también podéis leer el libro; de hecho, lo han leído padres ya veteranos y han aprendido cosas, pero no os quiero engañar: este libro es, sobre todo, para padres primerizos.

Y es para leerlo antes de tener al bebé en casa o unos pocos meses después, cuando la nueva logística familiar esté estabilizada.

Pero si tu hijo acaba de nacer, también lo puedes leer. No pasa nada. Todo está permitido.

Si eres hombre, tienes entre veintisiete y cien años y estás a punto de ser padre por primera vez, o lo has sido hace poco, este libro es para ti.

PRÓLOGO

Tener hijos supera, con creces, lo que esperas que te va a pasar cuando los tengas. Te habían contado que, de repente, sentirías un amor que no habías experimentado por nada ni por nadie antes, un amor que estaría por encima de todos los enamoramientos que habías sentido, por encima de la idealización que habías hecho de tu padre o de tu madre y por encima del amor que sentías por cualquier amiga o amigo por quien casi habrías dado la vida. Te habían dicho que por tu criatura la darías claramente, la vida, que lo darías todo si te lo pidieran. Te habían dicho que sentirías todo esto pero no te lo creías. Y de repente pasa y lo entiendes, porque con la paternidad, las cosas las entiendes solo cuando las vives, no antes.

También te habían advertido de otras cosas, como de que los niños lloran mucho, que son muy exigentes, egoístas y caprichosos, pero que también son generosos, delicados, divertidos y, a menudo, muy cariñosos.

Tú escuchabas lo que te decían y creías que la gente exageraba, que no tenía que ser para tanto eso de tener hijos, que la gente no es lo suficientemente sufrida y que se ahogan en un vaso de agua ante lo malo y que se flipan con las cosas buenas. Pero cuando llega el momento te das cuenta de que tenían razón y de que, aunque parezca imposible, quizás se quedaban incluso cortos.

De las primeras semanas de mi hijo tengo dos imágenes nítidas. En la primera, mi mujer y yo estamos en el hospital, ella tumbada en la cama con dolores por los puntos de sutura que tuvieron que practicarle después del parto, y yo hablando con la enfermera e intentando entender por qué querían que nos fuéramos ya del hospital. No había pasado nada en concreto ni nos querían expulsar de allí por haber hecho algo malo, simplemente habían concluido los tres días de rigor y nos tocaba dejar el hospital para criar a la criatura en casa y dejar nuestra habitación libre para nuevas madres. Yo le suplicaba con la mirada a la enfermera que nos dejaran quedar unos días más, para así acostumbrarnos un poco a aquella lagartija llorona que, además, no se agarraba bien al pecho. Con una sonrisa, la enfermera nos dijo que había sido un placer, nos deseó toda la suerte del mundo y nos pidió un taxi.

Mi mujer y yo nos miramos con pánico y empezamos a recoger las cosas. Empezaba la crianza de verdad y nadie nos había explicado muy bien cómo teníamos que hacerlo.

La otra imagen que tengo clavada es de pocas semanas después. Me veo a mí mismo en un callejón sin salida situado cerca de nuestra casa y que adopté como la calle idónea para dormir a mi hijo, porque allí no había ruidos estridentes, ni de motos ni de repartidores de bombonas de butano, que las golpeaban muy fuerte con un palo de hierro para avisar a los vecinos de su presencia, lo que producía un ruido muy agudo que despertaba automáticamente a nuestro hijo justo cuando se acababa de dormir. Le costaba mucho dormirse y con mi pareja llevábamos muchos días y semanas descansando fatal. Íbamos tan cansados que, a menudo, cuando habíamos conseguido dormir a la criatura, no podíamos dormirnos nosotros, y cuando finalmente lo conseguíamos, ella se despertaba otra vez. Era una tortura. En esta tortura, me veo en ese callejón con el niño en brazos por fin dormido bajo la encina que nos hacía sombra, llamando a mi hermano, que ya tenía dos criaturas más creciditas, para decirle que yo ya no podía más. Lloraba cuando se lo explicaba y sollozaba de puro agotamiento, mientras mis lágrimas caían sobre el pecho de mi hijo. Lo amaba y lo odiaba al mismo tiempo, y necesitaba que no fuera tan duro criarlo y esperaba que mi hermano me diera una receta definitiva, que me dijera cuál era la solución para afrontar algo tan duro como criar a un niño. Mi hermano, con toda la calma del mundo, pero también con toda la determinación, fue muy claro y me dijo: «Roger, estás en una prisión. No saldrás de ella hasta dentro de un par o tres de años. Acostúmbrate o sufrirás demasiado». Y me dejó fuera de juego, pero, extrañamente, también me tranquilizó.

Fue entonces cuando me di cuenta de lo que me había pasado: creía que estaba preparado para ser padre, pero en realidad no lo estaba. Creía que con cuatro cosas que había visto en las películas y con cuatro momentos que había pasado con algún bebé de algún primo ya lo estaría, porque, como os decía antes, creía que tampoco había para tanto. Pero sí que había para tanto y sí que no tenía ni idea de cómo se cría a un hijo. Entonces me pregunté sobre lo que me estaba pasando y, durante los pocos ratos que tuve entre llanto y llanto de mi hijo, estuve reflexionando para llegar a dos conclusiones. La primera fue que los nuevos padres como yo, los que llegamos a la paternidad más allá de los treinta, habíamos tenido una postadolescencia larguísima y nos habíamos acostumbrado a tener una vida centrada básicamente en nosotros mismos, a cumplir nuestros deseos y a consumir nuestros placeres. Vaya, que nos habíamos convertido en unos adultos mimados y poco acostumbrados al sacrificio por el otro. Por otro lado, pensé en qué era lo que diferenciaba mi paternidad de la de mis padres. Más allá de que ellos tuvieron a sus hijos cuando eran más jóvenes y casi sin pensar, que es como se tienen que hacer las cosas difíciles, ellos tenían un conocimiento previo porque habían vivido en casas a menudo compartidas por varias generaciones juntas. En espacios pequeños, habían convivido con tías con hijos, con madres con hijos, con hermanas con hijos y con abuelas que daban consejos, que ayudaban o que recomendaban según lo que habían aprendido ellas. En su mundo había transmisión de conocimiento y comunión, había clan, había tribu. Nosotros esto no lo habíamos vivido, habíamos crecido como individuos libres, pero libres también quiere decir solos, y así nos encontrábamos al parir, solos y desamparados.

A partir de entonces lo tuve claro y potencié tanto como pude la fuerza de la tribu. Fui a menudo a casa de mi madre y a la de mi hermano para aprender y para compartir. Leí más y escuché a la gente que sabe. Me quité la tontería de creerme un superhéroe de vete a saber qué y busqué activamente un método que nos sirviera para dar lo mejor a nuestro hijo sin morir en el intento.

Es evidente que no hay un único método para criar a un hijo, pero sí que hay una premisa que sirve, en general, para hacer bien cualquier cosa en la vida, y esta es escuchar a quienes saben. ¿Y quiénes son los que saben? Pues quienes piensan mejor. Saber no es acumular información, sino gestionar y analizar bien la información que recoges. Decía Baltasar Gracián que había que hacer de tu amigo un maestro, como también lo habían dicho muchos años antes Epicteto y Platón, o sea que debe de ser verdad. Yo lo he intentado aplicar siempre que he podido en todos los campos y creo que me ha ido bien hacerlo. Quien piensa bien te sabrá dar buenos consejos. Y en este sentido dejadme deciros que Pep es un buen ejemplo. Tiene muchas cualidades curiosas y un cerebro un poco intrincado, pero quizás sea precisamente esto lo que hace que mire las cosas como lo hace, con detalle, observándolas de cerca, comparándolas con otras similares, diferenciándolas de las radicalmente opuestas. Pep piensa demasiado, sí, pero piensa bien, y esto lo hace un candidato idóneo para dar buenos consejos y pistas adecuadas para las cosas de la vida, también para la crianza.

Este manual de Pep Planell es como él: escueto y directo. Lo que nos dice, lo que escribe, es un destilado de una reflexión hecha con calma y con mirada concentrada. Habla del método y habla de la identidad, habla de la crisis educativa, y de la sumisión, e incluso habla de los perros. Nada es superfluo y todo es agradable de leer. Igual que mi hermano me explicó, me clarificó, que la crianza era dura, y yo se lo agradecí, el libro de Pep a menudo es un puñetazo de claridad. Y esto se agradece en un momento en que somos tan libres que, a menudo, estamos demasiado solos.

Felicitémonos, pues, por ser cada vez más y de no querer estar tan aislados. Seamos de nuevo una tribu.

Disfrutad mucho del libro y, sobre todo, disfrutad de vuestras criaturas, y ellas disfrutarán con vosotros.

ROGER DE GRÀCIA

INTRODUCCIÓN

Eres un padre motivado, quieres hacer las cosas bien hechas. Tener un hijo será, o es, la cosa más importante, o de las más importantes, que te pasarán en la vida, y no quieres meter la pata.

Compras libros que te orienten y que te ayuden.

O te los regalan.

Yo hice lo mismo.

Además, con mi pareja asistimos a reuniones en las que una pedagoga (gracias, Fanny) ayuda a padres y madres a gestionar la educación de sus hijos. Nos fue muy útil y conseguimos muchas herramientas.

Las otras herramientas las he aprendido yo del día a día con mi hija: las cosas que me han funcionado, las cosas que han generado paz y alegría, y las cosas que no me han funcionado y que me han llevado al conflicto y al sufrimiento. Y también las he aprendido de vídeos en las redes sociales y de artículos en los diarios, de noticias en los informativos y de charlas con otros padres o con amigos. Y de conversaciones con profesoras amigas (gracias, Blanca, gracias, Moni). He prestado atención a cualquier cuestión relacionada con la pedagogía y la educación de los hijos.

La paternidad me ha permitido entrar en un mundo nuevo. Un mundo apasionante.

Me ha obligado a aprender muchas cosas y me ha hecho reflexionar mucho.

Una de las cosas que he aprendido es que recibes y recibirás mucha información en poco tiempo. Demasiada, seguramente. Así que seré breve.

Breve y claro.

Al grano.

Cuatro ideas.

Cuatro cosas que me habría ido muy bien saber cuando nació mi hija.

Cuatro cosas que debes saber ahora que serás padre, o que ya lo eres desde hace poco.

Pero antes tengo que hacer algunas CONSIDE-RACIONES PREVIAS.

Para situarnos. Por saber dónde estamos.

Son consideraciones generales.

Nuestros hijos son extremadamente anhelados. Más de lo que fuimos nosotros por parte de nuestros padres. Es una cuestión de paso del tiempo. Ahora los hijos llegan más tarde. Tener hijos entre los veinte y los veinticinco años tiene poco que ver con tenerlos con treinta, treinta y cinco o cuarenta años, o con cuarenta y cinco, cincuenta, cincuenta y cinco, sesenta o sesenta y cinco... Ahora puedes ser padre a casi cualquier edad.

Con veinte años, tus grandes ocupaciones consisten en hacerte a ti mismo y, de paso, sacar adelante a la familia. Tus hijos son lo más importante y lo haces todo por ellos, pero el contacto que tienes con ellos es escaso. Ya te lleva suficiente trabajo llenar la nevera. Tu canal de visión de la vida todavía es estrecho, porque está enfocado en seguir adelante. Los hijos son lo más importante, naturalmente, pero tu gran ocupación es que no les falte de comer ni un techo bajo el que dormir.

Un padre de más de treinta años, en cambio, es otra cosa. La nevera ya está más llena y ha tenido más tiempo para desearlos. Más tiempo para darse cuenta de la trascendencia que supone el hecho de su llegada y —muy importante también— más tiempo para cuestionar el modelo recibido, para repensar las cosas que le han pasado y para intentar hacerlas, si lo cree conveniente, de otro modo.

La educación de nuestros hijos nos ocupa mucho

más tiempo que a nuestros padres, porque ellos no podían disponer de este tiempo.

Y hacemos bien.

Además, nuestros padres aplicaban un método mucho más testado que el que tenemos nosotros. Usaban un método con muchas carencias, según mi parecer, pero tenían uno. Y, en cierto modo, funcionaba. Los niños, en su mundo, y los adultos, en el suyo. Dos mundos diferentes. Con poco contacto. El mundo de los adultos, arriba, y el de los niños, abajo. Y los niños obedecían. Y el que no obedecía era corregido. Y todo el mundo lo aceptaba y lo veía con buenos ojos.

Tener método es una gran ventaja.

Una gran ventaja para los padres (mujeres y hombres).

Para los que fuimos hijos, el método de nuestros padres no fue muy provechoso. No estuvo mal, pero tenía muchas carencias.

Y no juzgo a mis padres, ¡eh! Yo, sabiendo lo que sabían ellos, habría hecho lo mismo.

Tener método es más práctico que no tenerlo. Aunque el método no sea muy adecuado.

Nosotros ahora podemos elegir el método con el que nos relacionaremos con nuestro hijo. Podemos escoger qué tipo de padres queremos ser. La libertad gana terreno, y esto es fantástico. Pero cuanta más libertad, más dispersión, más posibilidades de dudar y de sentirse inseguro.

Incluso las escuelas cuestionan el método pasado y dudan hacia dónde ir.

Incluso las escuelas no tienen un método claro.

Tienden, cada vez más, hacia la libertad individual del alumno y hacia su desarrollo máximo, y hacen bien, pero no tienen un método claro. Si ellos, que son los profesionales, dudan, os podéis imaginar qué haremos los padres.

Estamos, en definitiva, en tiempos de crisis educativa. Tiempos de cambio de modelo.

Los hombres, los padres (no las mujeres ni las madres), queremos interactuar con nuestros hijos mucho más de lo que nuestros padres interactuaron con nosotros. No queremos un mundo para ellos y un mundo para nosotros. No queremos aislarlos y que se espabilen. Bueno, queremos que se espabilen, sí, pero queremos acompañarlos muy de cerca.

Y tampoco queremos el papel de policía malo que a menudo hemos adoptado. La madre, dulce y comprensiva, el policía bueno, y el padre, contundente y severo, el policía malo. Son los papeles del modelo de nuestros padres. Ya no nos sirven.

Queremos estar con ellos cuanto más tiempo mejor. Queremos estar tanto tiempo como lo están las madres.

Y hacemos bien.

Este hecho nos presenta unos cuantos retos.

Uno evidente es la comunicación. Básicamente en sus primeros años de vida, porque no hablan ni tampoco entienden lo que les decimos.

A menudo, y no quiero que os asustéis, he encontrado paralelismos entre la comunicación que he tenido con mi hija acabada de nacer con la que tuve con mi perra. Tanto la una como la otra se comunican de forma totalmente diferente de como lo hago yo. Además, mi perra, Farbalà, es hija de madre husky siberiano, que es una raza muy poco domesticada y que conserva mucho ADN de los lobos. Una raza muy primitiva. Un animal con escasa capacidad para hacerse entender, y yo, un adulto humano de más de cuarenta años.

Cuando decidimos tener una perra en casa me imaginaba la clásica escena de película donde una familia juega feliz con su perro, el típico golden retriever, en el jardín de casa. Pero no fue así. Ni jardín, ni casa, ni perro juguetón. Nuestra husky tenía miedos e inseguridades que le dificultaban incluso pasear tranquila por la calle. Mi comunicación con ella era poco efectiva y, a menudo, conseguía lo contrario de lo que pretendía. Queriendo tranquilizarla, la ponía más nerviosa. Lo que me servía para comunicarme con otras personas adultas, con ella no me funcionaba.

Por mucho que lo intenté no me supe poner en su piel y tuvieron que ayudarme.

Pedí ayuda a un amigo etólogo (gracias, Jordi) y tuve que corregir muchas cosas que hacía mal.

¿Cómo diablos podía saber yo que, para su equilibrio mental canino, es decisivo que cuando la saco a pasear sea yo quien salga primero de casa y no ella? Que si sale ella primero entiende que tiene que ser ella quien lidere el paseo y que debe defenderme y atacar a todo el mundo que se me acerque...

Y así con muchos asuntos.

Voy a tener que cambiar. Voy a tener que hacer las cosas de otra forma.

Mi perra no entiende el lenguaje verbal, no habla ni comprende el idioma con el que te comunicas, y tu hijo, en los primeros meses de vida, tampoco. Nuestro hijo recién nacido es un pequeño cachorro de mamífero que prácticamente no presta atención a qué le decimos. Nuestra voz es ruido para él.

Su forma de comunicarse con nosotros tendrá

poco que ver con cómo nos comunicamos los adultos entre nosotros.

Cómo me he relacionado con mi perra, los errores y los aciertos, las dificultades que he encontrado para comunicarme con alguien que prácticamente no entiende qué le digo, todo ello me ha ayudado mucho a relacionarme con mi hija, sobre todo durante sus primeros años de vida, en la época de comunicación no verbal o casi no verbal. Y veréis que, a veces, la utilizaré (la perra) para explicarme, no os asustéis.

Otro reto, ya lo he adelantado antes, es que queremos un modelo relacional nuevo. La forma que tenían nuestros padres de gestionarnos en muchos aspectos ya no nos sirve.

El modelo de comunicación heredado no es, en general, el que queremos tener con nuestros hijos.

A menudo, nuestros padres incidían sobre nuestro comportamiento utilizando el miedo, porque es fácil de usar y porque da muy buenos resultados de forma inmediata.

Yo, sin embargo, no quiero el miedo para mi hija.

La separación entre el mundo de los adultos y el de los niños facilitaba que el mundo adulto mandara. El mundo de los adultos tenía como una de sus principales misiones domar al niño. Y aunque no eran reglas escritas en ningún sitio, no había que explicitarlo; el entorno, el ambiente era este. Y era igual para todos. El mundo de los adultos era hostil hacia el de los niños, que debían espabilarse. Y eso los preparaba para un mundo extremadamente competitivo que ha supuesto, desde hace muchos años, la existencia humana. La existencia humana, la supervivencia, es una batalla, y debemos preparar a los niños para afrontarla.

Y así se hacía. Los niños tenían que «sufrir» y debían espabilarse.

Se les quería fortalecer.

Y tiene su lógica.

Pero es una lógica que implica conflicto.

Era una lógica un poco «militar».

Ya no nos interesa.

Esta separación en dos mundos facilitaba mucho la corrección de conductas. Cuando éramos pequeños y hacíamos algo mal hecho, el mundo adulto nos lo hacía saber de forma muy clara y, a menudo, con una buena reprimenda. Cuando éramos pequeños teníamos muy claro cómo teníamos que actuar, sabíamos qué nos traería problemas y qué no.

El método, para la gran mayoría, funcionaba.

Se nos obligaba a comportarnos de una determinada forma.

El método se basaba en el miedo y en la represión.

Y se basaba en prepararse para la batalla. Para la lucha. Para la competitividad.

Era rápido y efectivo.

Y sencillo de aplicar.

Se hacía lo que decían los padres. Tanto si se quería como si no.

Ahora no actuamos así, porque nos hemos dado cuenta de que no genera felicidad.

Genera sufrimiento.

Genera miedos.

Genera sumisión.

Ni actuamos así ni queremos hacerlo.

No queremos educar para el sufrimiento.

Ni para la lucha.

Queremos un mundo diferente.

El futuro de la humanidad está en juego.

Bien, ya sé que quizás exagero. Pero quizás no. Al fin y al cabo, uno mismo solo es responsable de los diez metros cuadrados que lo rodean. Responsabilicémonos de estos diez metros cuadrados.

Así pues, queremos interactuar con nuestro hijo mucho más de lo que nuestros padres lo hicieron con nosotros, pero nos encontramos con que ni la forma de comunicarnos, que hemos ido perfeccionando durante nuestra vida de adultos completos, ni la forma como se relacionaban nuestros padres con nosotros, nos sirven. Toca encontrar una forma nueva de comunicarnos con nuestro hijo.

Y eso nos obligará a cambiar algunas cosas de nosotros mismos.

Queremos que nuestro hijo reaccione desde la paz.

Tendremos que vivir en paz nosotros mismos.

Y tendremos que ser flexibles. Eres tú quien te tienes que adaptar a él. Si hay cosas que no funcionan, debes ser tú quien cambie para encontrar la forma en que funcionen. Insisto, tienes que ser tú. Cuestiónate siempre qué haces. Cuestiónate siempre qué piensas. Cuestiónate siempre en qué crees. Si lo que haces, lo que piensas o aquello en lo que crees no genera paz, ¡cámbialo! Eres tú quien debe hacerlo.

Si no, chocaréis el uno contra el otro.

El hijo cambia a medida que se va haciendo mayor. Y este proceso es lento.

Tú tienes que ser más rápido.

Queremos que nuestro mundo interactúe con su mundo. Los límites se difuminan, pero debemos ir con cuidado de no equiparar nuestras necesidades emocionales y vitales de personas adultas y hechas con las de nuestros hijos. Lo que no quiero para mí no lo quiero para mi hijo. Tiene lógica. Pero a menudo, lo que para un adulto puede ser negativo, para un niño quizás es bueno.

La mezcla de los dos mundos nos dificulta las cosas.

Debemos ser conscientes de ello y no confundirnos.

Un ejemplo: a los adultos nos gusta la libertad. La libertad es una de nuestras grandes luchas vitales, si no la mayor. Y un verbo que no concuerda muy bien con la idea de libertad es el verbo *mandar*. Asociamos a menudo el hecho de *mandar* con la autoridad coercitiva; a alguien que a menudo ha utilizado un estatus superior de poder para dirigirnos. Muchas veces, desde la pequeña amenaza y desde el miedo. La palabra *mandar* va acompañada en el imaginario colectivo de una mueca de desaprobación. Quien nos manda es alguien hostil para nosotros, que nos somete y empequeñece.

Porque quien manda no sabe mandar.

No sabemos mandar.

No nos han enseñado.

Y al final, quien nos manda lo hace solo para

vigilarnos. Y cuando nos equivocamos nos intenta corregir, a menudo a través del reproche o incluso a través del castigo.

No nos gusta que nos manden.

Nos gusta la libertad.

Cuando tenemos que mandar nosotros tampoco sabemos hacerlo. Mandar nos tensa. Nos cambia el rictus. Nos ponemos serios. Creemos que cuanto más trágica y compungida mostremos la cara más posibilidades tendremos de ser obedecidos.

Y cambia el tono de nuestras palabras. Pasamos del tono relajado y cordial a un tono tenso. Pero no debe ser así. De hecho, debe ser todo lo contrario.

Y esta tensión genera tensión en el ambiente.

Si no nos hacen caso llegan los problemas.

Y como nos gusta la libertad, fantaseamos sobre el hecho de que nuestros hijos sean libres. Pero para nuestros hijos el hecho de ser libres cuando son pequeños no debe ser obligatoriamente bueno. Creo que nuestros hijos deben ser libres cuando sean adultos. O, mejor dicho, deben tener la voluntad y las herramientas para poder ser libres, pero cuando sean mayores.

Aplicamos concepciones adultas a pequeños mamíferos recién nacidos aún por socializar. Y, a menudo, no son útiles. El mundo de los niños tiene unos códigos diferentes de los que hay en el mundo de los adultos. Normalmente, son códigos que nos quedan lejos porque hace mucho tiempo que dejamos de ser niños.

Y nos podemos confundir. Estamos entrando en el mundo de los niños. Vayamos con cuidado. Es un mundo que ya es mágico por sí mismo. No lo estropeemos.

Seamos delicados. Seamos dulces.

Una última consideración. No tiene que ver con los momentos en que vivimos, pero me parece importante adelantarla ya. Nuestros hijos son un espejo de nosotros. Al menos en la relación que tengan con nosotros en tanto que padre-hijo.

Tal y como somos nosotros con ellos es como serán ellos con nosotros. Porque, lo queramos o no, somos sus principales referentes en los primeros años de vida, y nuestra forma de ser influirá decisivamente en cómo se comportarán. O sea que ya nos podemos espabilar.

Empecemos.

NACE LA CRIATURA

...Y llegáis a casa.

Si todavía tenéis que parir no quiero desvelar demasiadas cosas. Es bueno que cada uno haga su camino y lo viva a su manera. Pero esto lo tengo que anticipar. Adelanto total para los que no habéis parido. Lo siento. Tu hijo aparecerá en vuestras vidas de una forma, para ser suaves, bastante potente. Quienes ya habéis parido ya lo sabéis.

Tu hijo es, o será, una especie de mesías.

Y, como mesías, como elegido, será puesto en el altar.

Será adorado.

Y haréis bien.

Lo adoraréis tú y tu pareja; en la mayoría de los casos una mujer, pero está claro que no es obligatorio que tu pareja sea una mujer. ¡No es obligatorio ni tener pareja! ¡Y a favor que estamos! Educar bien a los hijos no está ligado a ninguna forma predeterminada de unidad familiar.

Tu pareja, tus padres y los suyos seréis los pocos, pero entregados, seguidores del nuevo ídolo.

Y nadie más.

Aunque seguramente sus padres y los tuyos no tanto.

Tu pareja y tú seréis los seguidores más fervientes.

Y haréis bien.

¡Pero cuidado! Primera curva. ¡Posible descenso! Si ya habéis parido y hace meses que estáis en casa o si no habéis tenido que parir para convertiros en padres, podéis no leer el siguiente ítem que está destacado en cursiva.

Existe la posibilidad de que tu pareja sufra DEPRESIÓN POSPARTO.

No ocurre en el cien por cien de los casos, pero la posibilidad está. A mí me pasó. Y prefiero decirlo para que no te pille por sorpresa, como me pasó a mí. La sufrirá tu pareja. Y estará triste. Semideprimida. Tendrá ganas de llorar y quizás, en los casos más graves, no querrá saber nada de su hijo.

En mi caso yo estaba en lo más alto. Era el Ronaldinho en un festival de samba en la Polinesia Francesa. ¡Acababa de nacer mi queridísima hija! Tantos meses preguntándome qué cara tendría y, ¡por fin!, ya la tenía aquí. Una criatura preciosa no, ¡¡¡preciosísima!!! Los padres en general vemos aumentada la belleza de nuestros hijos un dos mil por ciento respecto al resto de la humanidad. Mi hija era la niña más guapa que había nacido nunca en la Tierra. Algo increíble. Y no exagero (lo que decía antes, vayamos con cuidado). Estaba plenamente convencido de ello. Y no podía parar de sonreír y de sentirme el hombre más feliz y afortunado del mundo. Pero ella, la madre, no. Ella estaba triste.

¿Cómo podía ser?, me preguntaba. ¡Ya teníamos aquí a nuestra deseada hija y ella era un alma en pena!

Yo en el paraíso y ella hundida.

Reconozco que me sorprendió.

No soy ningún experto, ni este es un libro que trate específicamente este tema, pero en nuestro caso creo que mi pareja se vio sometida a un cóctel de cambios hormonales y biológicos brutales, como nunca ningún hombre ha experimentado, más un fin de etapa. La chica, la niña, deja para siempre de ser chica y pasa a ser madre. No quiero parecer paternalista, pero quiero que se entienda la magnitud del proceso que se inicia desde la niña, la chica y luego la mujer o la madre, más el inicio de una tarea que exige mucho más a la chica, que sufre una carga de presión ambiental y social que la obliga a «hacer las cosas bien».

No tiene nada que ver con lo que nos pasa a los hombres. Nada. Yo tenía delante el juguete más maravilloso del mundo y ella tenía ese cóctel tremendo. Nosotros no hemos engendrado una criatura en la barriga. Ni hemos jugado a ser madres cuando éramos pequeños.

Para nosotros todo es más fácil.

Fue difícil de entender para mí. Y no puedo asegurar que lo que hice fuera útil para mi pareja. Pero sí intenté, primero, comprenderla, a pesar de la sorpresa que supuso que mi pareja no estuviera tan —demasiado seguramente— feliz como yo. Comprender por qué le pasó, ponerme en su piel. No juzgarla. Mi ayuda consistió en abrazarla y en decirle que estuviera tranquila, que todo iría bien, que la ayudaría. Que estaba a su lado, que juntos lo haríamos y que saldríamos adelante.

Poco a poco se fue animando. Quizás para no oírme...

Si os pasa (la depresión posparto), estad tranquilos. Dura poco. Pero si, por el contrario, os supone un gran contratiempo y la madre no mejora, no dudéis en pedir ayuda.

(Aquí os tenéis que incorporar los que ya habéis pasado un tiempo razonable en casa con el niño o los que no habéis tenido que parir).

Superados los primeros momentos posparto, ya estáis en casa.

Comienza una de las aventuras más apasionantes de vuestras vidas. Perdón por el tópico, pero que esté tan usado no le resta verdad. ¡Seguramente, la más apasionante de todas! La felicidad y la ilusión se os dibujan en la mirada. A ti y a tu pareja. No os da miedo nada, tenéis todas las fuerzas del mundo.

Y aunque habéis visto amigos y conocidos que han sufrido cuando han sido padres, estáis convencidos de que a vosotros no os pasará.

Durante estos primeros meses, y los siguientes treinta años (¡es broma!), atender las necesidades de vuestro hijo pasará a ser vuestra tarea más importante. Y ahora, recién llegados a casa, lo que os ocupará será controlar todo este nuevo mundo de cacas, llantos, comidas y sueño.

Tranquilos, se aprende deprisa.

Es fácil.

Madre y padre cuidando a la criatura. Dándolo todo.

Y está bien.

Eso es lo que tenéis que hacer. Cuidarlo.

Atenderlo.

La situación en casa no tardará en estabilizarse.

Probablemente, dormís menos que antes, pero, en general, os habéis adaptado bien.

Este no es un libro para que sepáis hacer dormir a vuestro hijo. No tengo ningún truco para que no llore o para que duerma tanto como tiene que dormir. Pero os puedo decir qué me funcionó a mí: mucha rutina. Tu hijo no entiende lo que le dices. No lo puedes tranquilizar con unas palabras amables. No las comprende en las primeras semanas de vida, ni presta atención. En cambio, hacer las cosas a la misma hora (sin volverse locos: si un día se rompe la rutina no pasa nada) le puede dar seguridad. Si hacéis las mismas cosas a las mismas horas le estaréis diciendo, de forma no verbal, que estamos dentro de la normalidad, que lo que hacemos hoy es lo que hicimos ayer y que puede estar tranquilo porque ayer estuvo bien. Pero no os aseguro nada.

También recuerdo que nos resultó útil saber que a partir de las seis de la tarde comienza la hora del lobo. A partir de esa hora el bebé está más cansado, más inquieto y más irascible. Vosotros estad tranquilos. Para poder contrarrestar su enfado debemos estar serenos. Serenidad y contacto físico. Y paciencia.

Dejando de lado el sueño, pasados dos o tres meses ya estaréis adaptados a la nueva convivencia.

Lo amáis con locura y lo atendéis. ¡Y quererlo con

locura es lo que debéis hacer! Nunca hay suficiente amor. Eso es perfecto.

Que quede bien claro.

Perfecto.

Todas las atenciones que necesite y al momento.

Él llora, nosotros vamos.

En los primeros meses de vida su llanto nos hace de alarma. Nos avisa de que necesita algo.

La alarma hace que o bien la madre o bien el padre acudamos al llamamiento. ¿Qué le pasa? Normalmente, el llanto responde a una de estas cuatro demandas: 1) tengo hambre o sed; 2) me molesta algo; 3) me duele algo; 4) tengo sueño. Los padres atendemos sus necesidades y, casi siempre, las resolvemos. Y vuelve la tranquilidad. La criatura vuelve a estar tranquila. Ya no llora.

Así una y otra vez.

Establecemos un patrón de actuación. Ante su llanto, acudimos.

Es su primer gran aprendizaje. Y es decisivo y fundamental que se lo deis. Tengo un problema, los padres me ayudan.

El bebé se siente amado. Y eso debe ser así.

Habrá un momento, sin embargo, en que debéis tener bien clara una premisa decisiva, y aquí viene lo primero que debéis saber...

1

LA PRIMERA COSA
QUE DEBES SABER

Atender a vuestro hijo es solo la mitad del trabajo.

La mitad.

La primera cosa que debéis saber es que, ADEMÁS DE CUIDAR A VUESTRO HIJO, TAMBIÉN LO DEBÉIS EDUCAR.

Os toca a vosotros. Padre y madre. Ni abuelos, ni abuelas, ni escuela. A vosotros.

Y cuanto antes empecéis, mejor. Mejor para el hijo y mejor para vosotros.

Que hay que educar a los hijos parece una obviedad. Pero no lo es. Nadie te lo dice. Ni nadie te dice qué quiere decir educar. Tampoco te enseñan cómo se educa a un hijo. Y las atenciones que nos pide nuestro hijo en sus primeros meses de vida son tan intensas y tan cansadas que puede ser que nos hagan olvidar o posponer, de forma inconsciente, nuestra tarea de educar hasta que sea mayor, cuando todo costará más.

Vamos tan al límite y tan cansados en el fantástico mundo de los adultos, el mundo de las prisas y el estrés, el mundo laboral, el mundo de los trabajos que nos ocupan la vida, que puede ser que no nos demos cuenta de eso tan importante hasta que realmente empezamos a tener un problema.

Pero ¿qué quiere decir educar? Educar es enseñar a vuestro hijo a comportarse y a relacionarse con su entorno.

A relacionarse con paz con él mismo y con su entorno.

Queremos que nuestro hijo se relacione con paz con su entorno y con las cosas que le pasan.

Y lo primero que tiene que aprender es que no siempre podrá hacer lo que él quiera.

Y que no pasa nada.

La vida no siempre se muestra como quieres. Y no pasa nada.

La vida no se controla. La vida se vive.

Aquí empieza lo difícil: muy a menudo, educar querrá decir no cuidar.

Querrá decir no atender su petición.

Educar posiblemente creará tensión entre padres e hijos, porque querrá decir no conceder. Querrá decir negar.

Ya no se tratará de atender todas y cada una de sus demandas. Se tratará, a veces, de decirle que no.

Y negar cosas al hijo tan querido no siempre será fácil. No lo será ni para ti mismo: no atender una petición de tu hijo te puede dejar la sensación, errónea, de ser un mal padre; ni para tu hijo: porque muy probablemente reaccionará enfadándose.

Pero ten bien claro que no eres un mal padre; de hecho, precisamente porque eres buen padre a veces le tienes que decir que no. ¿Te imaginas que a ti tus padres te hubieran concedido todos tus deseos cuando eras un niño? ¿Verdad que no lo habrían hecho bien?

Los padres (madre y padre) tenemos que decir que no.

Y educar querrá decir separarse un poco del hijo. Dejar que se espabile sin nosotros.

No solo se trata de atender todos sus deseos. Se trata de incidir en su comportamiento. De incidir en sus reacciones ante la vida.

¿Conocéis hijos descontrolados? ¿Niños que maltratan a sus padres? ¿Habéis visto escenas de niños histéricos llorando estirados en el suelo en un

EDUCAR POSIBLEMENTE
CREARÁ TENSIÓN ENTRE
PADRES E HIJOS. PORQUE
QUERRÁ DECIR NO
CONCEDER. QUERRÁ DECIR
NEGAR.

NO PASA NADA POR UN
PEQUEÑO NO. ¡NO OS
SINTÁIS MAL!

supermercado? ¿Habéis visto niños que no saben comportarse en un restaurante? ¿Habéis visto niños pasar absolutamente de sus padres? ¿Habéis visto padres desesperados?

Seguro que sí.

Son padres que probablemente han cuidado con amor infinito a su hijo, que lo han atendido en todo y para todo. Pero solo han hecho la mitad del trabajo.

Cuidarlos lo puede hacer todo el mundo.

Cuidarlos es relativamente fácil. Es cansado, pero relativamente fácil.

Educarlos quiere decir enseñarles cómo deben comportarse.

Enseñarles cómo deben reaccionar.

Educarlos es incidir en sus actos. En su comportamiento.

Y educarlos, a menudo, entrará en conflicto con el hecho de cuidarlos, y entrará en contradicción con el hecho de cuidarlos en exceso.

Para poder educarlos deberemos desatender alguna de sus peticiones.

Tendremos que decirle que no.

La escena se tensará.

Educarlos tensará el ambiente. Y cuando hay tensión, las cosas dejan de ser fáciles.

Llegará el día, podéis estar seguros, y será más pronto que tarde, que necesitaréis que vuestro hijo os haga caso.

Pero está en un pedestal, ¿lo recordáis? ¡Es el mesías! Está por encima de vosotros. Y cuesta tener autoridad, predominio e influencia sobre alguien a quien habéis hecho sentir superior.

Las relaciones entre humanos (y entre humanos y otras especies), de hecho, todas las relaciones que establecemos, implican una lucha de poder que normalmente es casi imperceptible. Nanogestos, nanomiradas. En todas y cada una de las comunicaciones que tienes con una persona se establece una pequeñísima batalla por el poder. ¿Quién decide esto?, ¿quién decide lo otro?, ¿quién levanta la cabeza cuando habla?, ¿quién la baja?, ¿quién cede?, ¿quién es más intransigente? Toda relación humana, ya sea corta, esporádica (con el quiosquero) o prolongada en el tiempo (con la pareja, con el hijo), es una relación de poder. Y pequeña batalla tras pequeña batalla, los humanos nos vamos relacionando: con nuestra pareja, con los amigos, con nuestro jefe, con nuestros trabajadores, con los compañeros de trabajo, con nuestros padres, con el vendedor del pan, con el conductor del autobús. Con todas las personas con las que nos relacionamos tenemos esas nanobatallas que hacen que, con algunas, podamos ir con la cabeza bien alta y hablarles con voz clara y mirándolas a los ojos, seguros y tranquilos, sin miedo, y que, con otras, agachemos la cabeza y, un poco, nos sometamos.

Los roles se van definiendo y modelando con el tiempo.

Cuanto más tiempo dura la relación humana, más acumulación de nanobatallas. Y más posibilidades de que estas levanten muros más altos o tracen caminos más estrechos y tortuosos.

La relación entre personas, para ser ideal, debe ser equilibrada.

Las dos partes deben sentirse libres y seguras de poder expresarse y desarrollarse como quieran. Sin miedo. Sin juicios.

Pero, por desgracia, no siempre es así. Los humanos todavía no hemos llegado a la pantalla donde el otro no es juzgado.

Mientras haya juicio habrá conflicto. Habrá batalla.

Con vuestro hijo también se establecerá una pequeña batalla por el poder, aunque ahora, viéndolo en su resplandeciente natalidad, os pueda parecer imposible. Aunque ahora, viendo a la criatura más increíble que hayáis visto nunca, parece que no pueda ser; pero sí, con vuestro hijo también se establecerá una relación de poder.

Habrá que decidir cosas y las decidirás tú o las decidirá él. Y si las quieres decidir tú, las hará llorando o las hará contento.

Habrá un día en el que le diréis que haga algo en el restaurante, en el supermercado o en casa, y no tendréis la seguridad de que lo haga. Y también es posible que se enfade y explote como un volcán porque no le da la gana hacerlo. Y puede ser que os muestre un ataque de ira que os ponga los pelos de punta. Tampoco puedes descartar que llegue a enfadarse tan a menudo y con tanta ira que os haga llegar a desear no haberlo conocido.

De la adoración teniéndolo en el pedestal a la desesperación por un hijo descontrolado hay un camino más rápido y más corto de lo que os podáis imaginar. Y por lo que veo en los parques, en los supermercados o en los restaurantes, es un camino muy concurrido.

No nos asustemos. Saber que puede pasar nos ayudará a preparar el camino.

Nosotros queremos que se haga lo que decimos los padres.

Tendremos, pues, que equilibrar la relación, si es que está desequilibrada.

Lo tenemos que bajar del pedestal.

La pequeña batalla de poder empieza desequilibrada, el adorado está elevado en un altar.

Y él está allí arriba. Y vosotros abajo.

Para poder incidir sobre ellos y educarlos debemos estar, como mínimo, a su altura. Para relacionarnos con nuestros hijos debemos estar, al menos, en una relación de igual a igual.

Y por eso es importante empezar a ganar los pequeños conflictos del día a día.

El hijo querrá imponer su voluntad. No lo juzgamos. La criatura hace lo que hacemos todos en una situación nueva. Probar hasta dónde puede llegar. Conocer las reglas. Hace lo que haríamos nosotros si nos encontráramos en un país, una ciudad, un lugar o una comunidad nueva. Investigar. Conocer a los habitantes, saber cómo son, saber qué pasa si hacemos una cosa o hacemos otra. Qué podemos hacer y qué no. Y, en la medida de lo posible, probar a hacer la nuestra.

El llanto ha cambiado. No solo lloro porque tengo un problema y necesito ayuda. Lloro porque quiero a mamá. Lloro porque no quiero esta comida. Lloro

NUESTRO PAPEL ES CLAVE.
DEBEMOS FOCALIZARNOS
EN NOSOTROS.
EN NUESTRA REACCIÓN.
SOLO SI NOSOTROS
ESTAMOS EN PAZ
PODREMOS GENERAR PAZ.

porque no quiero bañarme. Lloro porque no quiero marcharme del parque.

Llorar es su forma de comunicarse. De hablar. Y normalmente es para decirnos que eso que le pedimos que haga no es lo que quiere.

Reacciona enfadándose cuando no pasa lo que él quiere que pase. La vida no se presenta tal y como él había decidido que debía presentarse.

Todos lo hacemos. Los adultos reaccionamos a menudo enfadándonos.

Cada vez que nos enfadamos es porque la vida no se presenta de la forma que nosotros, nuestro pensamiento, nuestro cerebro, habíamos decidido que se tenía que mostrar. Nuestro cerebro va muy deprisa. Aquel coche que nos adelanta a doscientos kilómetros por hora y que nos pone en peligro, esa moto que se salta la señal de ceda el paso cuando no tenía que hacerlo, ese atasco en la carretera inesperado, ese comentario fuera de lugar del compañero de trabajo, o de la pareja, etc.

No los juzguemos, pues. Si los adultos reaccionamos enfadándonos, ¿no lo hará también él, que justo acaba de empezar la partida?

Nuestro hijo se enfada.

Lo comprendemos.

Entrenémonos (madres y padres) y entrenémoslo (hijo) desde muy pronto a decirle y a que oiga que no de vez en cuando. Hay que acostumbrarlo a la frustración que supone no hacer siempre lo que uno quiere.

Entrenarlo a oír un «no». «Esto no lo puedes hacer». Nos entrenamos nosotros y lo acostumbramos a él. Y, poco a poco, lo vamos bajando del pedestal.

Y se lo decimos con un tono amable. Firme, pero cordial. Con una sonrisa en la cara. Respetando y entendiendo su posible disgusto.

Focalicemos en nosotros.

Sabemos que la relación se tensará, por eso nos mantenemos serenos, cordiales, amables, educados y alegres.

Pero firmes.

Seguros.

Y serenos. Frente a su ira ponemos nuestra paz y nuestra comprensión.

Por tanto, empecemos muy pronto a decirles que no. No pasa nada por un pequeño «no». ¡No os sintáis mal! ¡Al cruzar la calle le decís que no lo puede hacer solo y eso no os hace sentir mal! No lo convertiremos en un desgraciado. No nos recordará como si fuéramos tiranos. Al contrario. ¡Lo estamos educando! Le estamos enseñando que, en la vida, no siempre se puede hacer lo que uno quiere, y que no pasa nada. «No puedes estar solo en el lavabo, tienes que salir». El niño llorará, se enfadará, nosotros seremos dulces. «Venga, sal, va». Le decimos qué tiene que hacer, le damos instrucciones, con un tono suave, con una sonrisa. ¡Instrucciones! Aunque él llore, nosotros sonreímos y estamos tranquilos. Entendemos su disgusto y le respetamos, pero nos mantenemos firmes en la decisión. Somos comprensivos con su ira. Lo abrazamos, si nos deja. Permitimos que se enfade, si decide enfadarse. Le damos besos. Le hablamos de otras cosas. De cosas alegres. No le metemos prisa para que salga. Es normal que tarde. Quiere ir a la suya. No quiere ser mandado. Está aprendiendo a obedecer. Le respetamos su *tempo*. Y cuando finalmente sale del lavabo lo felicitamos y le damos las gracias. Papá está contento porque ha obedecido. Y él nota la alegría del padre.

Ofrecemos nuestras instrucciones y ofrecemos nuestra paz. Aceptamos que, en un primer momento, no nos obedezca. No pasa nada. Está aprendiendo. Se lo permitimos.

Él no tiene prisa.

Las prisas son de los adultos.

Los niños viven el tiempo de otra forma. De hecho, para los bebés el tiempo no existe.

Y si se enfada y nosotros reaccionamos enfadándonos con él porque se ha irritado, le estaremos mostrando que irritarse es lógico. Que cuando pasa algo que no queremos que pase, los humanos nos enfadamos. Y, por tanto, que hace bien enfadándose.

Si nos irritamos porque él se enfada le reforzaremos que se irrite.

Aceptar lo que sucede en lugar de reaccionar en contra nos mantendrá en paz. Y de la paz saldrán soluciones más sabias.

Le enseñaremos que papá está en paz.

Nuestro papel es clave. Debemos focalizarnos en nosotros. En nuestra reacción. Solo si nosotros estamos en paz podremos generar paz.

Aceptemos que la vida se muestra de la forma en que se muestra, no de la forma en que nosotros creemos que se debe mostrar. No de la forma que nosotros creemos que es la buena.

El niño se enfada. Nosotros seguimos en paz. Nosotros somos la paz. Aceptamos su reacción. Comprendemos que esté enfadado.

Le permitimos que se enfade.

La emoción es una tormenta que debe pasar.

Poco a poco transitará por su emoción y acabará serenándose.

Después de la tormenta siempre viene la calma.

Siempre.

La tensión desaparece completamente. El niño no acumula emociones negativas. El niño no guarda las emociones. Las vive intensamente y ya está. Pasa a otra pantalla. Focaliza su atención en otra cosa y la disfruta plenamente.

Vive en el presente.

Le debemos permitir vivir las emociones con toda la intensidad que necesite. No lo interrumpimos.

No juzguemos la emoción.

No la infravaloremos.

Afrontando los pequeños conflictos del día a día en paz incidiremos en su comportamiento.

Resolver estos pequeños conflictos nos irá bien para igualar la relación entre nosotros.

Pero debemos resolverlos desde la paz.

¿Qué ha pasado en los primeros meses de vida? Vosotros: el padre, la madre, los abuelos, los tíos. Todo el mundo o casi todo el mundo ha tendido a cuidar al niño en exceso y, en consecuencia, a sobreprotegerlo. ¡Es la cosa que amamos más del mundo y se lo hemos demostrado! Además, queremos evitarle cualquier sufrimiento. ¡No queremos que sufra! Nos asusta la sola idea de que lo haga. ¡Queremos la vida más placentera para él! Tiene toda la lógica. Pero eso hace que, a menudo, caigamos en el error de concederle todo lo que quiere.

Tantas atenciones le pueden generar la impresión de que el mundo gira extraordinariamente atento a sus deseos, que llora y que el padre o la madre aparecen mágicamente. Tantas atenciones pueden hacer creer a nuestro hijo que el mundo gira en torno a él.

Y si lo que construimos para él entre todos es una burbuja que lo proteja de todo, sufrirá cuando sea más mayor, y mucho. Y nosotros también.

Aquí siempre me viene a la cabeza la historia, que no sé si es cierta, del gusano dentro del capullo.

El gusano debe hacer unos esfuerzos increíbles para construir su capullo y para luego romperlo y salir a la superficie transformado ya en mariposa. Un esfuerzo increíble, titánico. El gusano, cuando ya es casi mariposa, sufre muchísimo intentando romper el capullo. Padece mucho. Unos científicos, viendo el sufrimiento extremo del gusano, quisieron ayudarlo y cortaron con unas pequeñas tijeras la parte de arriba del capullo para que no tuviera que hacer tanta fuerza y no sufriera tanto. Y sí, el gusano ya transformado en mariposa pudo despojarse del capullo más rápidamente que si lo hubiera hecho sin la ayuda de los científicos.

Cuando intentó volar, sin embargo, no pudo. La fuerza que hubiera tenido que hacer para romper el capullo habría desarrollado la musculatura necesaria para poder volar. Como no la había desarrollado, ahora no podía volar.

Por lo tanto, lo que quería ser una ayuda se transformó en un obstáculo futuro.

La historia es típica, quizás sí, pero es útil. Y sobre todo nos enseña que debemos hacer lo mejor para nuestro hijo. No lo más cómodo para nosotros, ni lo más cómodo para él, ni lo más cómodo para no tensar el ambiente. Conceder deseos es más agradable para todos. La criatura está contenta y nosotros no tenemos problemas. Pero será una falsa alegría para ellos, porque en el futuro no todo podrá ser y la frustración descontrolada lo hará sufrir, a él y a nosotros.

Tendemos a impedir que sufra; ya sufrirá de mayor, ahora no toca sufrir. Ahora toca disfrutar. «Ay, pobre». «Es tan pequeño». «Ya lo hago yo». A menudo actuamos como los científicos que quisieron ayudar a la mariposa a salir del capullo.

Lo vemos tan pequeño e indefenso que el instinto de protección se nos desarrolla sin contemplaciones. Y probablemente más a las madres. ¡Es su naturaleza, y hacen bien! También la presión social hacia ellas es más fuerte. ¿Dónde se ha visto una madre que no atienda una demanda de su hijo?

Debemos separarnos un poco de nuestro hijo.

A los niños de hoy en día les conviene un poco de caña.

Que se les exija.

Pero exigencia desde la estima.

Desde la confianza.

Desde el abrazo.

Desde la alegría.

Pero caña.

Que se espabile.

Porque es capaz de ello.

Porque confiamos en él.

Amor, sí. A mansalva.

Pero caña también.

Amor y caña.

La sobreprotección connota un punto de miedo. Tenemos miedo por lo que le pueda pasar si no lo protegemos, lo cual es muy comprensible. «Es tan pequeño...», «Es tan indefenso...». Pero en la educación que quiero dar a mi hija no quiero el miedo.

Y la sobreprotección connota una voluntad de control.

No estamos aquí para controlar la vida de nuestro hijo.

La vida no se controla.

La vida se vive.

Tras el control está el miedo.

No quiero miedo. Quiero que sienta en mí confianza en el futuro. Confianza en mi futuro y, desde luego, en el suyo.

No debemos controlarlos. Nuestros hijos harán su vida, y poco podemos hacer. Y así debe ser. Si los queremos controlar, sufriremos todos.

Tenemos que ayudarlos.

Y a menudo ayudarlos es apartarnos de ellos, dar un paso al lado.

Ayudarlos es mostrarnos en paz.

Focalicemos en nosotros.

Recapitulemos.

Primera idea: tenemos que educarlos.

Y para poder educarlos necesitamos bajarlos del pedestal cuanto antes.

Les decimos que no a algunas de sus peticiones, se enfadan. Entendemos y comprendemos sus reacciones. Sus reacciones no nos molestan. Ante su enfado, les ofrecemos nuestra comprensión. En su rabia, les ofrecemos nuestra serenidad. Les ofrecemos nuestra paz.

Nos van bien los pequeños conflictos del día a día y resolverlos a nuestro favor.

Queremos que acepten los «no» de los padres.

Queremos que también se adapten ellos a nosotros, y no siempre nosotros a ellos.

No huimos del pequeño conflicto con nuestro hijo por miedo a que se enfade. Más bien al contrario, el pequeño conflicto es una forma de enseñarle que mandan los padres. Que mandan porque son más mayores y saben más, y que mandan con una sonrisa en la cara. Que mandan desde la paz.

Precisamente esta es la segunda cosa que debes saber...

2

LA SEGUNDA COSA QUE DEBES SABER

MANDAS TÚ, MANDAN LOS PADRES.

Mandamos nosotros.

Que no nos dé miedo admitirlo.

Lideramos nosotros.

Aceptémoslo rápidamente.

Y se lo hacemos saber desde el principio.

Se lo enseñamos.

Cuanto antes empecemos, mejor aprenderán a hacernos caso. Nos acostumbramos a mandar y se acostumbran a ser mandados.

A ser mandados para poder ser autónomos.

Ganamos pequeños conflictos: «Siéntate aquí, por favor». Pues que se siente donde le hemos dicho. Que no se siente «allí». Que se siente «aquí».

Por pequeña que sea nuestra instrucción, hacemos que la cumpla.

Y digámosla de forma serena.

Y con un «por favor».

Tranquilos.

Y sobre todo, sobre todo, aceptemos que tarde. No tengamos prisa. Nosotros damos una instrucción y él quizá necesite su tiempo para llevarla a cabo. Las prisas de los adultos no se las podemos exigir a un niño. De hecho, personalmente me gusta más el ritmo de los niños que el de los adultos.

La noción del tiempo que tiene un niño no tiene nada que ver con la que tenemos los adultos.

Dale las gracias cuando os haga caso.

En el modelo que defiende este libro, los padres mandan y los hijos obedecen. Hay una relación jerárquica entre padres e hijos. Pero no desde el sometimiento del otro, sino desde el respeto y el amor. El hijo es tenido en cuenta y escuchado siempre, pero decidimos nosotros. Lo escucharemos siempre. Pero decidiremos nosotros. Sobre todo durante los primeros años de vida de la criatura.

Del mismo modo que no le dejamos tomar la botella de lejía y no nos sentimos mal con nosotros mismos por estar coartando su libertad, actuaremos igual con el resto de cosas. Procuraremos elegir nosotros. Decidir nosotros.

Los padres hace más tiempo que estamos vivos y sabemos más cosas y mandamos. Tomamos nosotros las decisiones. Siempre tendremos en consideración lo que sienten, lo que quieren. Los padres escuchamos siempre lo que nos quieren decir nuestros hijos, siempre los escuchamos. Los hijos son lo más importante. Y deben sentirlo plenamente. No habría que remarcarlo, porque es evidente, ¡pero son mucho más importantes que el móvil! El móvil, de hecho, es un enemigo de la comunicación con vuestro hijo. Si nos habla nuestro hijo, abandonamos el móvil. El móvil siempre en segundo plano. Cuando hay hijos no hay móvil.

Y los hijos son más importantes que el programa de televisión que estamos viendo y que ellos interrumpen.

Los hijos son más importantes que nuestra actividad profesional.

Por los hijos lo paramos todo.

Para poder atenderlos lo paramos todo.

Y los escuchamos, sí, pero decidimos nosotros.

Y entendemos un posible, y probable, disgusto.

Su disgusto no nos hace enfadar.

Lo entendemos.

Nos ponemos en su piel.

Lo entendemos y lo permitimos. Lo acompañamos en su disgusto y le ofrecemos nuestra paz.

No le neguemos su emoción. No hay emociones buenas o malas. No juzguemos las emociones que sientan. Dejemos que las atraviesen. No se las interrumpamos. Se las permitimos. Dejemos que se pueda conocer a sí mismo enfadado. Las emociones no se interrumpen. Se acompañan. Se transitan.

Las emociones son una pantalla que debe concluirse. Hay que cerrar el círculo. Nacimiento, desarrollo y cierre. Aunque las emociones no nos gusten, no las detenemos a medio viaje.

Y ellos aprenden a conocer sus emociones cuando no pueden hacer lo que quieren.

Y transitando por sus emociones aprenden a ser felices, aunque no siempre se pueda hacer lo que ellos quieren.

Dulcemente nos mostramos comprensivos y, poco a poco, porque no tenemos prisa, la rabieta se va acabando.

Y mandamos no por el placer de que nos obedezcan, ni por sentirnos poderosos, sino por ayudar a nuestro hijo a desarrollarse. A crecer. A poder ser autónomo cuanto antes. Y mandamos sobre todo durante sus primeros años de vida y, poco a poco, a medida que se vaya haciendo mayor, iremos dejando que las decisiones que le afecten las decida él. Pero poco a poco.

Y aprendemos a mandar sin tensarnos. Sin tensar el ambiente más de la cuenta.

Instrucciones sencillas.

Pero claras.

«Haz esto». «Haz aquello». «A cenar». «A dormir». «A bañarse». «¡Venga, va!».

¡Directo!

Sin cambiar el rictus.

Serenos. Con una sonrisa.

Con un tono cordial.

Y con un «por favor».

Reaccionando con paz a su reacción.

Con comprensión.

Y con un «gracias».

Resolver pequeños conflictos desde muy pronto nos enseñará a mandar sin tener que enfadarnos. A mandar con empatía hacia su posible enfado. Si entendemos y comprendemos por qué se enfada no nos enfadaremos nosotros.

Solo lo podremos comprender si no lo juzgamos. Comprendemos su posible disgusto.

Si lo juzgamos, y normalmente lo juzgamos con

RESOLVER PEQUEÑOS CONFLICTOS DESDE MUY PRONTO NOS ENSEÑARÁ A MANDAR SIN TENER QUE ENFADARNOS. A MANDAR CON EMPATÍA HACIA SU POSIBLE ENFADO.

el reproche, notará que nos separamos. Se sentirá atacado en algún nivel.

Cuando juzgamos nos separamos del otro.

Desde la separación es difícil incidir. El otro se pone a la defensiva.

Nos conviene más la unión y la comprensión.

Comprensión hacia una posible reacción airada y comprensión hacia el error.

El error se corrige con dulzura. Su error no es un problema para mí. Ni para él.

No hay culpabilidad.

Hay aprendizaje.

Hay corrección.

Y como no hay reproche no hay castigo.

Como no hay culpa no hay castigo.

Y él nota que no lo juzgamos.

Sin juzgarlos, desde la comprensión, acostumbraremos a nuestros hijos a obedecer a sus padres. Les enseñaremos a obedecer y a estar contentos y tranquilos haciéndolo. O al menos a no estar enfadados. Les enseñaremos que su padre está tranquilo también si, de entrada, no obedece.

Resolver estos pequeños conflictos diarios sin castigo, sin «consecuencias», nos ayudará a relacionarnos en el presente con nuestros hijos. Porque nuestros hijos viven en el presente. No acumulan ira, ni odio, ni rabia. Resuelto el conflicto, la ira desaparece completamente.

Acabada la escena de la ira pasan a la escena de la alegría, y la rabia y el disgusto ya no están.

Y nosotros haremos igual. No acumularemos enfado porque haya hecho algo mal en el pasado. Nos hacen caso, aceptan nuestra decisión, se lo agradecemos tarden lo que tarden. No nos hacen caso, esperamos. Cambiemos de tema. Juguemos. Demos un poco de margen temporal. Y volvamos. Volvamos a dar la instrucción.

No los etiquetemos. Las etiquetas son del pasado. No nos interesan. Nos harán sufrir.

Vivamos en el presente.

Mirad lo que me pasó con mi perra.

Vuelvo a disculparme por si os molesta la comparación. Educar a un hijo es mucho más complicado, naturalmente, pero durante los primeros años de vida las dificultades para poder comunicarse son equiparables en algunos aspectos.

Yo pensaba que, dado que las cosas no iban bien, tendríamos que acudir a un servicio de adiestramiento de perros. Tenía la esperanza de que allí me enseñarían a relacionarme mejor con ella. A entenderla un poco.

Después de estar un buen rato haciendo los ejercicios de *agility*, el monitor me pidió que la dejara libre. Que pudiera ir a la suya. La zona estaba acotada por un vallado bastante grande y había mucha naturaleza para que se entretuviera un buen rato.

Y, efectivamente, mi perra empezó a correr y a olfatearlo todo como si se tuviera que acabar el mundo. Se lo estaba pasando muy bien.

Pero, ¡ay!, llegó la hora de marcharse. La hora que yo, el humano adulto, había decidido que sería el tiempo límite, porque tenía que poder llegar a la siguiente actividad que tenía planificada para aquella tarde. El maravilloso mundo de las prisas de los adultos...

«¡Farbalà! ¡Ven!».

Pero no me hacía caso.

«¡Farbalà! ¡Haz el favor de venir!».

Pero nada.

Había ido demasiado lejos para poder ir a buscarla. O sea, que tenía que conseguir que viniera *motu proprio*.

La cosa, sin embargo, no pintaba bien.

«¡Farbalà! ¡Ven de una puñetera vez!».

Cada vez se hacía más tarde y cada vez estaba más enfadado. La vida no se manifestaba de la forma en que yo había decidido que debía manifestarse. Y yo reaccionaba de forma colérica.

Finalmente, un buen rato más tarde, Farbalà, mi perra, decidió atender mi petición y venir donde yo estaba.

Y yo ya estaba muy enfadado.

Le caería una buena reprimenda. Y, efectivamente, le cayó.

«¿Pero se puede saber por qué no has venido a la primera? ¡Cuando te llame tienes que venir en seguida!».

No se había hecho lo que yo decía que se tenía que hacer.

Me desahogué.

El monitor del club, que había presenciado la escena, se me acercó y, discretamente, me dijo: «Te equivocas. Si la perra viene, aunque haya tardado, debes felicitarla. No pegarle una bronca. Su *tempo* es otro. Si la felicitas, si estás contento porque te ha hecho caso, puede ser que su *tempo* se acerque al tuyo. Si, en cambio, la riñes, te costará más que te haga caso, porque ella no entiende que le caiga una bronca cuando te hace caso».

Este hecho me hizo pensar mucho y me permitió entender que mi perra vive en presente. La emoción que le corresponde a cada escena. No la emoción de la escena anterior. La emoción del ahora.

Y se puede aplicar a los hijos.

Lo único que os tiene que ocupar es que vuestro hijo acabe haciendo lo que vosotros le habéis dicho que haga. No el tiempo que tarde en hacerlo. Este tiempo, a fuerza de repeticiones y de ver que cuando papá dice que se tiene que hacer algo se acaba haciendo, a pesar de su probable enfado, se irá reduciendo.

Las prisas pertenecen al mundo de los adultos.

Tenemos que entender el ritmo de la criatura.

Que tarden en hacernos caso provoca que los padres y las madres nos enfademos. Porque los adultos siempre vamos con prisas. Es el mundo en el que vivimos los adultos. Exigimos que se nos haga caso inmediatamente porque vamos a doscientos por hora. Y porque creemos que nosotros no éramos así. Creemos que nosotros hacíamos caso rápidamente a nuestros padres. Pero tenemos que ser conscientes de que había otro método. Nosotros hacíamos caso por miedo. También por respeto. Pero sobre todo por miedo. Y el miedo —soy muy pesado, lo sé— no lo quiero para nada en la relación con mi hija. No quiero que me tenga miedo. Y, de todas formas, ¿creéis realmente que hacíais caso de forma tan rápida? Preguntad a vuestras madres.

Sea como fuere, si nos hacen caso por miedo, a la mínima que puedan dejarán de hacernos caso.

En lugar del miedo nos conviene la comedia.

Hacer comedia.

Desdramatizar.

Tenemos tendencia al drama.

Estamos interpretando un papel para poder incidir sobre su comportamiento. Hacer comedia nos ayudará a no descontrolarnos emocionalmente. A no perder los papeles.

Y solo se lo podremos enseñar si nosotros estamos en paz.

Porque, si no hay paz, no hay felicidad.

Recuerdo que mi hija, antes de ir a dormir, decía que no quería hacer pipí. Yo le daba una instrucción que ella tenía que cumplir. «Venga, va, amor mío, a hacer pipí». Y ella me decía que no. Que no quería hacer pipí. Que no tenía pipí. Yo, con dulzura y delicadeza, y también con firmeza, le explicaba que tenía que hacerlo y que era innegociable, porque si no durante la noche era probable que tuviera. Ella se enfadaba y lloraba, porque no quería hacer pipí. Quería imponer su voluntad. Yo no cedía. Comprendía y entendía su disgusto, pero no cedía. «No iremos a dormir hasta que salga el pipí. Lo siento, amor, las cosas son así». La distraía. Cambiaba de tema. Le cogía las manos. Me agachaba. Agacharse y ponerse a su altura es muy importante. Cuando hay conflicto, agacharse y ponerse a su nivel le ayudará a tranquilizarse y os ayudará a encontrar el tono adecuado. Hacedlo siempre que podáis. Le miraba a los ojos. Intentaba hacerla reír. Distraerla. Y el pipí, al final, salía. De no tenerlo a hacerlo. Y cuando salía el pipí la abrazaba y le mostraba mi alegría y mi agradecimiento.

Todo este proceso duraba cuatro o cinco minutos. Yo podría haber esquivado el conflicto, que no hiciera pipí tampoco era una cuestión de vida o muerte, pero prefería afrontarlo aunque me pusiera en un camino de espinas. Si creo que es bueno para mi hija, lo hago.

Tuvimos conflicto durante dos, tres o cuatro días, no lo recuerdo exactamente. Yo siempre fui dulce con ella. Delicado, pero firme. Quieras o no quieras. Hay que hacer pipí. Le di la instrucción de lo que tenía que hacer. Yo soy el adulto y sé que se tiene que hacer pipí antes de ir a dormir. Ella «sufrió». No se hacía lo que ella quería. Pero se adaptó.

Ahora siempre hace pipí antes de ir a dormir. No fue ningún trauma para ella el mínimo «sufrimiento» que soportó. Y ha integrado esta costumbre; antes de ir a dormir siempre va a hacer pipí. Tranquilamente.

Ha cambiado.

Es más, está orgullosa de haberse sabido adaptar. Y me ha conocido a mí. Sabe que su padre es firme cuando toma una decisión, y sabe que su padre es sabio porque la decisión es correcta. Sabe que puede confiar en su padre. Y sobre todo sabe que su padre, aunque la situación se tense, es dulce.

Y tened bien claro que es mucho más importante que su padre sea dulce que no que haga o no haga pipí.

Incidimos en su comportamiento, pero en paz.

Tampoco hay que obsesionarse para ganar todos los pequeños conflictos que surjan. Si la tensión sube demasiado de intensidad, o si nosotros, los padres, descuidamos nuestra paz y nos descontrolamos, es mejor abandonar. Si no abandonamos, sufriremos demasiado. Si un día no hace pipí antes de ir a dormir no pasa nada.

Miremos siempre hacia nuestro interior.

Nuestra paz es fundamental.

Miremos hacia nosotros en lugar de hacia nuestro hijo.

Queremos que aprendan a soportar la frustración de no hacer siempre lo que quieren, pero la única forma de hacerlo de forma efectiva es comportándonos como queremos que él se comporte.

Es la única forma.

Generaremos el ambiente adecuado. Es más decisivo para el futuro del niño que el ambiente sea el adecuado que no que haga o no haga pipí.

Tenemos que ser expertos en el arte de frustrarlos. Y poder hacerlo amablemente y con delicadeza. Pidiendo las cosas por favor y dando las gracias una vez las haya hecho. Damos instrucciones con un «por favor». Y con un «gracias» cuando son atendidas. Siempre.

Debemos saber frustrarlos sin que el ambiente familiar se estropee.

Nosotros, siempre serenos. Pase lo que pase.

Todo está permitido.

Nada es juzgado.

Nada es condenado.

Y debemos aprender y practicarlo.

Seguramente tenemos que transformarnos.

Los hijos nos obligan.

Cuando hablo de transformarnos me refiero a padres y madres. Somos nosotros quienes debemos educarlos. El entorno familiar más cercano, dejando a los padres a un lado, será, muy probablemente, sobreprotector. No

HACER CASO ES UN
APRENDIZAJE Y LO
TENEMOS QUE IMPARTIR
NOSOTROS. QUE NOS
HAGA CASO ES FRUTO
DE UN TRABAJO Y DE UN
PROCESO.

pasa nada. Menos mal que nos ayudan, si tenemos la suerte de que lo hacen. Los abuelos no deben frustrar a nuestros hijos. Los abuelos, que sean como quieran.

Y tampoco es la escuela quien debe educarlos. La escuela socializa y transmite conocimientos. Pero somos nosotros, los padres, quienes enseñamos a nuestra criatura cómo debe comportarse en sociedad.

Tengo la sensación de que depositamos demasiadas expectativas en las escuelas. Pero este es otro debate. No lo abordaremos aquí.

Centrémonos en nosotros.

Los padres, padre y madre, mandamos.

Para enseñarles a comportarse.

Con una sonrisa.

Con alegría.

Con mucho contacto físico. ¡Foméntalo! Pocas palabras y muchos abrazos. Nada calma más a vuestro hijo que el contacto físico.

A menudo hablamos demasiado.

No es necesario.

Acostumbraros a comunicaros tocándoos. Abrazándoos. Dándoos besos. Mirándoos.

En el modelo heredado no había prácticamente contacto físico entre padres e hijos. Yo eso no lo quiero.

Yo quiero que mi hija no tenga miedo de acercarse a mí. Quiero que me toque, y mucho. Barra libre.

De hecho, no hay nada que me guste más que abrazar y dar besos a mi hija. Y decirle que la quiero. Que la quiero con locura. Pero lo tengo que fomentar yo. Yo marco la relación con mi hija: si yo no la abrazo, ella entenderá que no me tiene que abrazar. Yo soy el director de la obra. Y yo quiero que en la obra titulada *Relación con mi hija* haya, mucho, muchísimo contacto físico. Pero tengámoslo claro: depende de nosotros.

En la obra de teatro *Relación con vuestro hijo* sois los directores y solo hay dos papeles. Vuestro hijo y vosotros.

Que nuestro hijo no tenga miedo ni pudor a la hora de tocarnos depende de nosotros.

Y mandamos con paciencia. Sin reproches. Al principio costará que nos hagan caso. Es normal. Lo entenderemos. Los estamos bajando del pedestal. Y eso cuesta. Les estamos enseñando a hacernos caso. Les estamos enseñando a aceptar la vida tal y como se presenta.

Paciencia y perseverancia.

Y buenas maneras.

Y no ser reactivos. Ser comprensivos.

«Por favor» y «gracias» siempre.

Especialmente «gracias».

A veces, el «por favor» puede debilitar la instrucción que deben cumplir, y puede ser que no os convenga utilizarlo.

Pero el agradecimiento, siempre.

Poco a poco, el tiempo de espera para que nos hagan caso se irá reduciendo. El conflicto cada vez durará menos.

El método de aprendizaje que sostiene este libro es un método lento. No tiene prisa. Porque educa en positivo y educa sin utilizar el miedo.

Con calma.

Es típico del adulto enfadarse porque nuestro hijo no nos hace caso en seguida. Los adultos reaccionamos a menudo enfadándonos cuando la realidad no se muestra como nosotros creemos que debe manifestarse. Pero ¿qué sentido tiene pedir a nuestro hijo que no se enfade cuando le decimos que nos haga caso, si nosotros reaccionamos irritándonos si no nos hace caso?

Nuestra paz es clave.

La mayoría de las veces tarda en hacer caso porque no está acostumbrado. Hacer caso es un aprendizaje, y lo tenemos que impartir nosotros. Que nos haga caso es fruto de un trabajo y de un proceso. Cuanto antes lo empecemos, mejor.

Pequeños conflictos que debemos resolver a nuestro favor.

Cuanto más tardemos en bajarlo del pedestal, más le costará hacerlo.

¡Disfruta del pequeño conflicto!

Es una herramienta.

Con ella nuestro hijo aprenderá a relacionarse con la vida desde la paz.

Y mandaremos, no porque estén obligados a obedecer, sino porque les queremos enseñar a ser autónomos. Mandamos para enseñarles a ser independientes.

Cuanto antes empecemos a bajarlos del pedestal, antes aprenderán a obedecernos.

Los padres saben más porque son mayores, y mandan.

¿Por qué no les dejamos meter los dedos en los enchufes? Eso es porque nosotros sabemos más cosas que ellos, tenemos más información. Pues así con todo. Nosotros tenemos más información. Nosotros decidimos. Nosotros mandamos.

Y a medida que se hacen mayores les vamos transfiriendo la capacidad de decidir.

Confiemos en ellos. Y poco a poco les vamos trasladando responsabilidades.

Decíamos en las consideraciones previas que se ha demonizado a quien manda. Porque normalmente nos ha mandado un padre demasiado estricto o demasiado serio. O demasiado preocupado. Porque el jefe que nos manda en el trabajo a menudo también es poco generoso y nos controla más que otra cosa. Y porque a menudo quien nos manda nos riñe y nos castiga si hacemos algo mal.

Nos sentimos controlados.

Nos sentimos juzgados por quien nos manda. Y nos sentimos recriminados si nos equivocamos.

Nosotros no juzgaremos a nuestros hijos por mucho que creamos que se equivocan.

No queremos la culpa para nuestros hijos.

Nuestros hijos son inocentes.

Se equivocan como todo el mundo.

Todo el mundo se equivoca.

Y no pasa nada.

No hay juicio.

No hay reproche.

Hay comprensión.

Desdramaticemos el error.

El más sabio es quien más veces se ha equivocado.

No hay nada malo en el error.

Es por eso que no soy nada partidario de los

castigos ni de enfadarse en exceso porque la criatura haya hecho algo mal, ni de amenazar con castigos futuros para que hagan lo que digo.

Ni de los rincones de pensar.

El castigo es nuestro pequeño fracaso que no queremos atender y que preferimos trasladar al hijo.

Si hacemos las cosas desde la comprensión no será necesario.

Si desdramatizamos el error no será necesario.

Y sobre todo, si hacemos bien las cosas cuando la criatura es pequeña, todo este mundo de castigos no será necesario.

Cuanto antes empecemos, mejor.

Enseñemos a nuestro hijo a obedecer.

Y aunque se equivoque, que lo hará, seamos comprensivos en el error.

Si se equivocan y hacen algo mal, digámoslo. Hagámoslo saber. Pero no castiguemos. ¿Nos gusta que nos castiguen cuando hacemos algo mal?

Ni tampoco nos enfademos. Tienen derecho a equivocarse. Están aprendiendo. El error es muy humano. ¿Quizás nosotros no nos equivocamos? ¿Y nos gusta que alguien se enfade con nosotros cuando nos equivocamos?

La comprensión y la empatía hacia el error es

mucho mejor. Y educar en positivo. «Ahora no lo has hecho bien, pero seguro que la próxima vez lo harás mejor».

Y si la próxima vez lo hace bien... Alegría.

Sin etiquetas.

Si nos enfadamos cuando se equivocan, se sentirán culpables. Se sentirán juzgados y condenados y nos tendrán miedo.

Y no queremos eso.

El miedo es un mal compañero de viaje.

Estamos acostumbrados a que nos manden desde el miedo, y no desde el amor y la comprensión.

Nosotros mandaremos desde el amor y la comprensión.

Desde la alegría.

A nuestro hijo le daremos instrucciones desde la dulzura y desde la educación.

Aprenderemos a mandar con una sonrisa en la cara. Serenos. Sin gritar. Abrazando a nuestros hijos si hace falta. Dándoles besos. Ayudándolos y mirándolos a los ojos. Generando empatía hacia ellos si se enfadan por nuestras decisiones. ¡Siempre con empatía! Entendiendo su posible enfado. «Sé que quieres seguir jugando en el parque, pero tenemos que irnos. Entiendo que te enfades y llores. Tienes todo el derecho. A mí tampoco me gusta no poder hacer lo que quiero. Respeto tu llanto y esperaré pacientemente a que se te pase». ¡Y cuando se le pase, alegría! ¡Felicitémoslo! ¡Realcémoslo!

Démosle un tiempo para obedecer. Lo importante es que nos obedezca, no que lo haga inmediatamente. Poco a poco, el tiempo de espera se irá reduciendo. Pero es normal que al principio cueste.

Y cuanto más tardemos en empezar a mandar, más costará, porque más alto se habrá ido haciendo el pedestal.

Nosotros aprenderemos a mandar y él, a obedecer.

Es un proceso. Y requiere un tiempo y un trabajo.

Y de la misma forma que nosotros tenemos derecho a decirle que no y tenemos que decirle que no, él tiene derecho a enfadarse. Tengámoslo claro y respetémoslo. Respeto por su enfado. Y consolémoslo si es necesario. Abracémoslo. Démosle besos. ¡No nos enfademos con su enfado!; al contrario, lo entendemos y lo respetamos. Intentemos, eso sí, que focalice su atención en otra cosa que no lo haga llorar. «Entiendo lo que te pasa, pero papá manda y tenemos que irnos. ¡Uy, me parece que hay hormigas en este parque! Uy, sí, mira cómo suben. ¡Uy, te hacen cosquillas!».

Poco a poco, la irritación irá desapareciendo.

Seamos comprensivos con nosotros mismos. Tenemos derecho a cambiar de opinión. De decirle primero que no y después, porque así lo consideramos, cambiar y decirle que sí. Somos flexibles. Tenemos un método y lo tenemos claro; mandamos nosotros desde la paz, pero no somos talibanes del método, somos flexibles y no pasa nada si un día, porque nos conviene, no lo aplicamos.

Mandemos relajados.

Con la criatura y con nosotros mismos.

No somos los padres perfectos. Ni lo queremos ser.

Los padres nos equivocamos continuamente, y no pasa nada.

No queremos la culpa para nuestros hijos y no la queremos para nosotros.

Los padres somos inocentes.

Vamos aprendiendo.

Siempre que te venga un pensamiento de culpabilidad, descártalo. Solo es un pensamiento. No eres culpable de nada. Te equivocas, y ya está. El error es maravilloso.

No eres perfecto, ni ellos deben ser los hijos perfectos. Ni deben serlo ni queremos que lo sean.

Creo que no he castigado nunca a mi hija. No recuerdo haberlo hecho. Pero sí he gritado más de la cuenta, sí me he enfadado, sí he dicho palabras malsonantes. No soy un padre perfecto. A veces he explotado y he perdido la paz.

El mundo de los adultos es el mundo de las prisas, del estrés y del cansancio.

Voy muy cansado.

Y me equivoco.

Y pierdo la paz.

Y procuro reconocerlo.

Y procuro pedir perdón. «Papá no es perfecto. Perdona, amor mío». No me importa decírselo a mi hija; al contrario, reconocer mis flaquezas me fortalece y, a ella, la tranquiliza, porque si papá se equivoca, ella también puede equivocarse. Y no pasa nada. Todos nos equivocamos.

Aprovecha, si pierdes la paz, para enfocarte hacia ti.

Tu paz depende de ti.

No responsabilices a tu hijo.

Obsérvate.

Mandemos con dulzura.

Con empatía.

Con sentido del humor.

Siempre sonrientes.

Siempre con educación.

Hagamos comedia.

Juguemos.

No es una batalla por el poder, en un sentido militar. Es una forma de trabajar para que nuestro hijo pueda crecer y desarrollarse en un ambiente adecuado.

Además, ¡son un espejo!

Nuestros hijos se comportarán como nosotros les enseñemos que deben comportarse respecto a nosotros. Nos copiarán y se adaptarán a su interlocutor. A nosotros, al nosotros que les mostramos. ¡Si lo hacemos los adultos en nuestras relaciones, es evidente que también lo harán ellos!

Se lo enseñaremos por acción o por omisión, consciente o inconscientemente, pero en todo caso, tened claro que ellos se relacionarán con nosotros según se lo hayamos enseñado, y que se relacionarán de forma diferente con el padre y la madre si nos hemos relacionado de forma diferente. Se adaptan. Igual que se relacionan de forma diferente con el maestro de la escuela.

Si nosotros somos dulces, tranquilos, empáticos, risueños y no nos enfadamos, así serán ellos con nosotros.

Nuestra relación con ellos es una obra de teatro de la que nosotros, padre y madre, cada uno por su parte y de forma conjunta también, somos los directores. Y habrá una obra que se llamará *Relación de la madre con el hijo*, otra que se llamará *Relación del padre con el hijo* y una tercera que se llamará *Relación del padre y la madre con el hijo*, y cada una de las obras será diferente, y de nosotros depende que en la obra haya más risas que llantos, más alegría que tristeza, más confianza que miedos.

Habrá también una obra que se llamará *Relación de madre y padre siendo padres de un niño*.

Queremos educarlos y queremos guiarlos. De acuerdo. Aceptado. ¿Pero cómo lo explicamos? ¿Cómo nos comunicamos para poder educarlos? ¿Cómo se hace si la criatura solo come y llora? ¿Cómo se enseña a alguien con quien prácticamente no nos podemos comunicar? ¿Cómo le hacemos entender lo que queremos y lo que no queremos?

La respuesta es que ya lo estamos haciendo. Lo hacemos desde el primer momento que nos ven. Y aquí viene la tercera cosa que debes saber...

3

LA TERCERA COSA QUE DEBES SABER

NOS COMUNICAMOS CON LOS HIJOS A FUERZA DE PATRONES REPETITIVOS que ellos observan y a partir de los cuales actúan.

Repitiendo una acción una y otra vez.

¡Y ya los estamos utilizando!

Desde que nacen ya los estamos utilizando.

Desde que nacen ya nos estamos mostrando.

Nos mostramos actuando. Haciendo.

Nos exponemos.

Patrones de comportamiento propio que no están planificados ni pensados y de los que probablemente ni somos conscientes.

Desde que nacen ya les estamos indicando cómo somos, cómo actuamos y, por tanto, cómo se tienen

que comportar con nosotros, porque ya utiliza-
mos patrones de conducta. Ellos nos observan, nos
graban. Permanentemente. Nos analizan. Que nadie
piense, por favor, en un análisis como lo haría un
adulto; nos analizan de forma inconsciente, intuitiva.
En función de cómo los tratamos se relacionan con
nosotros.

Su análisis no pasa por el cerebro.

No son mentales.

Son vibracionales.

Lo que notan son las vibraciones que emitimos. Y
lo notan mucho, es la forma que tienen de entender
el mundo.

Nuestras palabras les interesan muy poco.
Nuestras palabras son ruido para nuestros hijos. Ellos
se fijan en nuestras acciones, en cómo actuamos y
en qué desprendemos. Si desprendemos tensión,
nervios, seguridad, alegría. Eso detectan.

Tienen un mundo nuevo por delante, y lo observan. Y a quien más observan es a nosotros, que somos
quienes más tiempo pasamos con ellos. Solo entienden cómo nos comportamos. Si reímos o estamos
serios. Si estamos tranquilos o estamos nerviosos. Si
decimos que haremos una cosa, pero luego no somos
capaces de llevarla a cabo, o bien sí que lo somos.

Y aprenden a partir de las repeticiones de nuestro comportamiento. Llora y vamos, y le ayudamos.

Llora y vamos.

Llora y vamos.

Si repetimos esta pauta, ellos aprenden que con el llanto son atendidos. El primer patrón que detectan es que, cuando lloran, nosotros vamos. Y este patrón les enseña que pueden contar con nosotros. Ese es su primer gran aprendizaje. Son extremadamente amados. Y lo notan. No pueden dejar nunca de notarlo. Esta primera gran lección que, de forma inconsciente, pero decisiva, les hemos inculcado —los padres me aman y me quieren ayudar, y me querrán ayudar el resto de sus vidas— va con el carné de padre, es decisiva para su desarrollo emocional y para su autoestima.

Ahora conviene activar algunos otros patrones de conducta que nos ayuden a incidir sobre ellos, a mostrarles cómo queremos que funcionen las cosas.

Ahora conviene, ya lo sabemos, educarlos.

Tenemos que actuar sobre su comportamiento.

Volvamos a la escena del club de adiestramiento.

Farbalà, mi perra, después de mucho rato llamándola, finalmente viene.

La riño. Estoy muy enfadado.

Reacciono con ira. La vida no se muestra como yo había decidido que se tenía que mostrar.

Me equivoco.

Me dice el monitor: «Cuando venga la tienes que felicitar. Aunque haya tardado».

Me doy cuenta de mi error. Y cambio.

Cambio mi comportamiento.

Establezco otro patrón y lo aplico. Cuando venga, chuchería y felicitaciones. Nada de broncas. Nada de reproches.

Siempre igual.

Chuchería y felicitaciones.

Y alegría.

Y paz.

El monitor tenía razón. Yo intentaba llevar a la perra a mi mundo humano de las prisas y de las urgencias, y no lo conseguía. Y me enfadaba. Pero realmente con quien me tendría que haber enfadado era conmigo por vivir en un mundo de prisas y de estrés; de hecho, mi perra se desvive por hacerme caso, lo que ella quiere es que esté contento, pero yo no era capaz de comunicarme correctamente.

La responsabilidad es mía.

Sin juicio.

Sin culpas.

No soy culpable de nada.

Cuando me equivoco lo corrijo. Y punto.

Gracias a que me equivoco llega la corrección.

Y el nuevo patrón funcionó muy rápidamente.

No fue difícil.

En seguida lo entendió.

Tan solo tuve que ser constante. Siempre que la llamaba, cuando venía, premio. Siempre igual.

Además de repetirlo una y otra vez, con paciencia y tenacidad, he conseguido que la perra, siempre que la llamo, venga rápidamente. Y viene contenta.

A base de repeticiones voy a incidir en su conducta.

Y con los hijos, igual.

Paciencia y tenacidad.

A fuego lento.

Cambiemos los patrones que los sobreprotejan por patrones que potencien su crecimiento, autonomía, autoestima.

No hay que ayudarlos en todo y para todo. Dejemos que se espabilen. No los estamos abandonando a la intemperie, ¡estamos confiando en ellos! Confiemos en ellos. Vigilémolos, sí. Pero de reojo. Que no vean que los vigilamos. Seamos más quien los ayuda a levantarse que quien les impide caer. Que caigan. Sin pasarse, ¡eh!

NUESTRAS PALABRAS LES
INTERESAN MUY POCO.
NUESTRAS PALABRAS
SON RUIDO PARA ELLOS.
SE FIJAN EN NUESTRAS
ACCIONES, EN CÓMO
ACTUAMOS Y EN QUÉ
DESPRENDEMOS. SI
DESPRENDEMOS TENSIÓN,
NERVIOS, SEGURIDAD,
ALEGRÍA. ESO DETECTAN.

Y si se caen y se pueden levantar solos, que se levanten solos. Es mejor para ellos. No somos malos padres no ayudándolos. Somos malos padres no educándolos, no ayudándolos a transformarse.

Felicitémosles y mostremos nuestra alegría si lo hacen.

Mostremos nuestra alegría ante su autosuficiencia. Ganarán confianza en ellos mismos. Y autoestima.

A menudo le digo a mi pareja: «¿Quieres ayudar a tu hija? Pues no la ayudes».

Demostremos que confiamos en nuestro hijo y que nos alegramos cuando nuestra confianza es correspondida. Y lo animamos si todavía no lo consigue. También desde la alegría. «¡La próxima vez seguro que lo consigues!» Hagamos un patrón repetitivo de conducta. Eduquémoslo en positivo. Pongamos énfasis en lo que hace bien y no destaquemos lo que hace mal.

Etiquetémoslo por lo que hace bien.

Está aprendiendo, acaba de empezar la partida, seamos generosos con su error, todos nos equivocamos, pero a la vez seamos exigentes y persistentes para corregir lo que todavía no hace bien. No lo ignoramos. Pero destacamos lo que hace bien. Y a partir de lo que hace bien, corregimos lo que no hace correctamente.

Nos relacionamos con él en presente.

En cada momento, la emoción que le corresponde.

Hace algo bien... ¡Pues alegría! ¡Destaquémoslo!

Nunca lo etiquetemos en negativo.

Las etiquetas son del pasado.

No dicen nada del presente. No son útiles.

Es más, si lo etiquetamos desde la negatividad, es más que probable que la criatura se lo crea y se identifique con la etiqueta que le hemos colgado. No nos interesa.

Las etiquetas negativas nos harán sufrir.

Empecemos de cero cada día.

Nuestra obra de teatro llamada *Relación con el hijo* es una hoja en blanco que se reinicia cada día.

Además, tenemos un patrón de conducta muy poderoso y muy fácil de utilizar. No sé si a vosotros os pasa, pero a mí sí. Si hace un rato que no veo a mi hija, cuando la reencuentro, cuando vuelvo a estar con ella después de un tiempo de no estar allí, al verla, el corazón se me hincha y la cara se me transforma. Si estaba desanimado, me animo, y si estaba cansado, ahora, viéndola de nuevo, la criatura más increíble que haya visto nunca, me devuelve la fuerza. Cuando veo a mi hija, tan maravillosa, la cara se me ilumina.

Y no me cuesta nada. No es forzado. Me sale de forma natural. Cuando la veo, una sonrisa se me dibuja en la cara. Y no lo puedo evitar. Mi hija, para mí, es increíble.

Y esa es el arma poderosísima: ¡una sonrisa en la cara!

Acostumbrémonos a relacionarnos con una sonrisa en la cara. Y si nosotros sonreímos y estamos contentos y felices, ellos, un poco, también lo estarán. ¡Son un espejo! La sonrisa es nuestra principal arma. Aunque les estemos dando una instrucción que quizás ellos no quieran atender.

¡Rebajemos la tensión!

Somos los directores y los protagonistas de la obra. Y queremos que esta obra sea alegre y positiva.

¡Queremos una comedia!

¡A reír!

¡A jugar!

Entrenémonos para utilizar la alegría desde el primer momento. Acostumbrémonos. Entrenemos y practiquemos para ser unos maestros. Mandar desde la paz y la sonrisa. Decir «buenos días» desde la sonrisa. Decir que haga pipí antes de ir a dormir desde la sonrisa. Decir que esa es la cena que toca ese día y que no lo puede cambiar, y que ya verá que está buenísima, que confíe en papá, desde la sonrisa. Y si finalmente no quiere probarla, que querrá, aceptarlo.

Levantarse a media noche a atender su llanto con una sonrisa.

Cambiarle el pañal con una sonrisa.

Esparcid vuestra alegría por el ambiente.

¡Son un espejo!

Cuesta más enfadarse ante una sonrisa. A vuestro hijo también.

Cuesta más el enfrentamiento si uno de los adversarios no lo quiere.

Ya sabemos que para educarlos, para poder incidir en su comportamiento, necesitamos un poco de caña, necesitamos tensar la cuerda. Decirles que lo que quieren no se puede hacer. Y esta no concesión tensará el ambiente. Necesitamos herramientas para poder rebajar la temperatura del ambiente.

Mandar con una sonrisa nos ayudará a controlar la temperatura del ambiente.

¡Este es el patrón que nos conviene!

La cara sonriente cuando nos dirijamos a nuestros hijos es un patrón de los buenos. Les estamos enseñando que estamos contentos. Que ellos son una joya para nosotros y que estamos alegres y felices de estar vivos y de estar con ellos.

Pero ¿qué hacemos si hace algo que no nos gusta? ¿Sirve, entonces, la sonrisa? La respuesta es clara: no. Si hace algo que no nos gusta, nuestro patrón de conducta es mostrarle que lo que ha hecho no nos ha gustado. Nos permitimos la emoción que nos surja. Seamos honestos. Creemos que se ha equivocado. Se lo hacemos saber. Sin reproches. Todos nos equivocamos, los padres también, es lógico que él lo haga. Se lo hacemos saber. Sin culpa. Sin que se sienta culpable. Sin carga dramática. Todos nos equivocamos. Y así aprendemos.

El error es maravilloso.

El error nos permite aprender.

El error no nos saca de la paz.

Y si hace una cosa y nos saca de nuestra paz mirémonos a nosotros mismos. No lo hacemos culpable ni responsable a él.

Salir de la paz es responsabilidad de cada uno, y normalmente cuando lo hacemos es porque lo que ha pasado ha activado algún mecanismo interno del que no somos conscientes.

Nunca nos enfadamos por lo que pensamos que nos enfadamos.

Miremos hacia adentro.

Nos observamos.

Y no nos culpabilizamos.

Aprendemos.

El más sabio es quien más errores ha cometido.

Bienvenido, error.

Pero no lo hacemos prolongado en el tiempo. Nos relacionamos en presente. Cosa mal hecha: reacción inmediata nuestra. Pero reacción desde la paz y la comprensión. Y en seguida buscamos algo para pasar a otra pantalla. Ha hecho algo malo y papá se lo hace saber, pero no lo alarga más de la cuenta. No lo sostiene en el tiempo. No añade carga dramática. Papá no se queda atrapado en la emoción conflictiva. Nos interesa que las escenas donde no hay alegría sean muy cortas. No nos recreamos en ellas, pasamos a la siguiente pantalla tan rápidamente como podamos. Cambiemos de tema.

Al niño le queda claro que eso no debe hacerlo. Y lo repetiremos siempre que lo haga.

Igual que repetiremos la alegría y los besos y los abrazos cuando hace algo bien.

El niño, que es muy inteligente, aprenderá claramente qué le interesa.

Y le permitimos todas las emociones.

No las juzgamos.

Todas las emociones son necesarias.

No hay emociones buenas y malas.

Se las permitimos todas.

Lo acompañamos.

No interrumpimos una emoción porque pensamos que es negativa.

Que la atraviese entera.

La permitimos.

Por el contrario, un patrón que veo a menudo en muchos padres y madres, y que no nos conviene nada, es el de hacerles preguntas a la hora de tomar una decisión. Por favor, ¡no les hagáis preguntas!

Por lo que veo en mi entorno de amigos y conocidos también padres, las preguntas a los hijos son uno de los signos de los tiempos en las relaciones actuales entre padres e hijos. «¿Qué quieres hacer?» «¿Tienes hambre?» «¿Quieres ir al parque?» «¿Quieres postre?» «¿Vamos a dormir?» «¿Ahora nos iremos, eh?» ¡Este «eh» final debilita totalmente nuestras instrucciones!

Todo lo que afecta al hijo se le pregunta.

Que el hijo haga caso no es fácil. Ya hemos dicho que el método que utilizaban nuestros padres no nos interesa. Ahora no queremos obligar a nuestros hijos a obedecer por la fuerza. Queremos que nuestros hijos obedezcan porque confían en nosotros.

Si queremos que nos hagan caso, las instrucciones deben ser claras y directas.

No podemos debilitar nuestro mensaje.

Y preguntar lo hace.

Y les preguntamos qué quieren o qué no quieren porque aplicamos motivaciones adultas. A nosotros nos gusta que nos pregunten las cosas, qué queremos hacer, qué queremos comer, etc. Preguntar a los demás es de buena educación. Pero a nuestros hijos los estresamos excesivamente.

Si me estreso yo, que tengo más de cuarenta años, ¡imagina una criatura que acaba de aterrizar! «¡Yo qué sé qué tenemos que hacer! ¡Decide tú, que para eso eres el adulto!» «¡Yo estoy aquí para jugar y aprender!» «¡Y para fijarme en ti! Yo te sigo». «¡Las preguntas las hago yo, y no tú!».

Los hacemos adultos cuando todavía no es el momento. Los ponemos en nuestra piel. Pero las preguntas las tienen que hacer ellos.

Ellos no tienen respuestas.

Las preguntas implican el traspaso de la toma de decisiones. Haremos lo que tú me respondas que quieres hacer. Entienden que se lo preguntamos para que decidan, y lo querrán decidir todo. Y tendremos problemas.

Si les acostumbramos a las preguntas, luego no les pidamos que nos hagan caso sin su aprobación previa.

El patrón de preguntar nos lleva al desastre.

Las preguntas hacen más alto el pedestal.

¡No hagáis preguntas!

¡Ni una!

Al menos hasta los tres años (mi pareja y madre de mi hija me dice que ponga hasta los cinco años. Queda puesto).

El patrón que nos interesa es otro. Yo decido. No pregunto. Instrucciones cortas y dulces. Y claras. Con la sonrisa, el arma poderosa, en la cara. Sin subterfugios ni sucedáneos, y con mucho amor. «Haz esto...», «haz aquello...» con un «por favor». Y siempre con un «gracias» cuando lo hayan hecho. El patrón del «por favor» y del «gracias» nos interesa, y mucho. Practiquémoslo.

Y entendemos que no nos hagan caso de entrada. Cada niño tiene su ritmo. Respetémoslo.

Poco a poco nos irán haciendo caso de forma más rápida.

No hagamos preguntas.

Las preguntas las hacen ellos.

Nosotros respondemos.

Muy importante: respondemos sin mentir.

Sin engañar.

Sed honestos.

No mintáis.

Siempre la verdad.

La mentira es el miedo a decir la verdad. Y el miedo, lo vuelvo a decir, no lo quiero para nada para mi hija.

La mentira es un patrón de repetición muy malo.

La mentira nos puede servir ahora para «sedar» a la criatura, pero acabará siendo un bumerán. Si nos detectan la mentira como herramienta comunicativa —y la detectan, porque son muy listos—, nos la aplicarán a nosotros mil veces aumentada y tendremos problemas.

La verdad, por muy dura que nos parezca, la procesan sin ningún problema, o con menos problema que si detectan la mentira. La mentira les genera más miedos que la verdad desnuda y cruda.

No nos recreemos en una verdad dura, expliquemos lo estrictamente necesario, pero no huyamos. Afrontémosla. Ellos lo entenderán. Por ejemplo, si alguien se ha muerto, se ha muerto. Las cosas funcionan así. La vida se acaba. Todos nos morimos. Y no sabemos qué pasa después. Y no pasa nada por no saberlo.

A mí, personalmente, me gusta explicar la muerte de forma diferente a como me la explicaron a mí o como la entendí yo. La muerte es un hecho natural, y no hay nada malo en este hecho. Me gusta rebajar un poco ese megadramatismo con el que, a mi juicio, la vivimos los humanos.

Esto no quiere decir que no esté triste si sucede una muerte cercana. Todas las emociones están permitidas. Pero sí quiere decir que no me recrearé. No fomentaré el sufrimiento, no lo sostendré en el tiempo.

La vida y la muerte forman parte de lo mismo. Son lo mismo. Si tenemos miedo de la muerte tenemos miedo de la vida.

No quiero que mi hija tenga miedo de la vida.

Pero este libro no va de eso.

Que no les digamos mentiras no quiere decir que lo que les digamos sea la verdad. Lo que les respondemos es siempre nuestra verdad. Es una verdad individual. Propia. Nos sirve a nosotros, pero no nos la creemos al cien por cien. Es nuestra opinión. No es «la Verdad».

No imponemos nuestra opinión.

Todo el mundo tiene una opinión, y la respetamos.

Le enseñamos el respeto hacia todos.

Porque, realmente, ¿qué sabemos, por ejemplo, de la muerte?

No sé nada de la muerte.

No sé nada.

Aceptemos que hay cosas de las que no sabemos nada.

Aceptemos que hay cosas que nuestra razón no puede explicar.

Y a veces, como no nos gusta admitir que hay cosas que no se pueden explicar, tendemos a inventar. Si inventamos, mentimos.

No les decimos mentiras.

Seamos honestos.

Lo que es decisivo es desde dónde explicamos el hecho sobre el que nos preguntan y no tanto la respuesta concreta en sí misma. El hecho decisivo es no responder desde el miedo.

Seamos valientes.

Y no les hagamos preguntas, sobre todo durante los tres primeros años de vida (o según mi pareja, durante los cinco primeros años). No nos interesa hacerlo.

De vez en cuando le puedo dar dos opciones: «¿Qué quieres de postre? ¿Una manzana o un yogur?», pero siempre con las respuestas que me convengan.

A medida que se van haciendo mayores empezaremos a preguntarle cosas. Ahora no hace falta.

Así, pues, no pregunto, informo de lo que pasará. «A cenar, amor mío», más un abrazo y besos. «A ducharse, amor mío», más abrazo y besos. «A dormir, amor mío», más besos y abrazos. Nunca hay suficiente amor.

¡Y la sonrisa en la cara!

Informo de lo que quiero que pase.

Caña y amor.

Y por favor.

Y gracias.

Y si dice que no, que lo dirá, no nos enzarcemos en un combate en forma de bucle de «noes» y de «síes» que no llevan a ningún sitio. El niño dice que no y nosotros decimos que sí.

«Noes» y «síes» rebotan los unos contra los otros.

Si le decimos algo que queremos que haga y nos contesta con un «no» claro y rotundo, no le respondemos también con un «sí» claro y rotundo. Esto nos situará en un bucle temporal de enfrentamiento en el que nos quedaremos enganchados, y lo único que conseguiremos será ponernos todos nerviosos, él y nosotros. Si nos dice que no, que no quiere, y lo dirá, lo entendemos.

Entendemos que él no lo quiera hacer.

Le permitimos que se enfade.

Dejemos que pase un poco de tiempo.

NO HAY QUE AYUDARLOS
EN TODO Y PARA TODO.
DEJEMOS QUE SE
ESPABILEN. NO LOS
ESTAMOS ABANDONANDO
A LA INTEMPERIE,
¡ESTAMOS CONFIANDO EN
ELLOS!
CONFIEMOS EN ELLOS.

Que aserene el estado de ánimo.

Le decimos que entendemos que no lo quiera hacer.

Pero que no le estamos preguntando si quiere o no quiere.

Le decimos que le estamos explicando qué queremos que pase y, por tanto, qué pasará.

Y lo decimos con un tono amable.

Le damos un tiempo.

Entendemos que se enfade.

Comprendemos su reacción.

Se lo permitimos.

Y esperamos que pase.

Y cuando empiece a aflojar, cambiamos de tema.

Nos acercamos.

Le hacemos cosquillas.

Lo abrazamos.

Y tenemos siempre presente qué es lo esencial, qué es lo realmente importante. Lo esencial, aparte de que estemos en paz, es que nos acabe haciendo caso. Que tarde más o menos en hacerlo no es importante. Primero tardará. Y es normal. Está aprendiendo.

Paciencia.

Este es el patrón de repetición que nos interesa. Papá manda desde el amor.

Desde la sonrisa.

Desde la empatía.

Desde la educación.

Desde la comprensión.

Desde el sentido del humor.

Desde el juego.

Desde la paz.

Papá sabe lo que se hace, puedo confiar en él. Papá no pierde la paz, me interesa, me gusta. Me enseña.

La hora de ir a dormir la marcamos nosotros. Qué comen lo decidimos nosotros. Cuándo nos vamos del parque lo decidimos nosotros. Qué compramos y qué no, lo decidimos nosotros. Con una sonrisa en la cara. Y no pasa nada. Quizás los primeros días llora, pero cuando ve que el patrón se repite y que, por mucho que llore, el patrón se sigue repitiendo, en seguida dejará de llorar. Porque no sirve para nada. Y la criatura se adapta. Aprende a adaptarse. Aprende que no siempre puede hacer lo que quiere. Y aprende a aceptar y a gestionar la frustración que supone no poder hacer lo que uno quiere. Y lo decidimos con una sonrisa en los labios. Con un tono adecuado. Dulce. Explicando, describiendo qué haremos. Preparándolo para que su cerebro pueda interiorizar la orden. Nos anticipamos. Preparamos el terreno. «Amor mío, dentro de cinco minutos nos iremos a casa». Instrucción y amor.

Frases cortas y claras.

Comprendiendo una posible rabieta.

Y con paciencia.

No busco una rendición inmediata.

Y nada de amenazas de castigos futuros.

Nada de contar hasta tres.

Nada de rincones de pensar.

Firmeza en la decisión tomada y paciencia y comprensión. No soy autoritario. Soy comprensivo. Y si tengo prisa lo aviso con antelación. Me anticipo.

Y con abrazos. ¡Fomentemos el contacto físico! Nada les tranquiliza más.

¡Abrazos!

¡Cosquillas!

Y nos agachamos.

Agacharse es una deferencia y una señal de buena voluntad hacia la criatura. Nos ponemos a su altura.

Que nos agachemos los relaja.

Y nos miramos a los ojos.

Y nos damos la mano.

Y cambiamos de tema.

No queremos convencer. Tiene derecho a enfadarse. Se lo permitimos.

También tengamos en cuenta que mandar no es incompatible con el hecho de consentir caprichos.

Pero, si lo hacéis, que sea por decisión vuestra y no por miedo a la reacción de vuestro hijo. Que no sea el patrón, que sea la excepción. De hecho, a mi hija, que siempre es tan dulce y siempre se porta tan bien, me resulta muy difícil decirle que no cuando me hace alguna petición.

Nosotros lideramos la relación. Ya no está en el pedestal. Le enseñaremos desde la sonrisa, la tranquilidad, la educación, la empatía, la comprensión, la paz y la alegría que los padres mandan. Y repetiremos la sonrisa, la tranquilidad, la empatía y la alegría una y otra vez, y le enseñaremos a hacerse mayor ganando, poco a poco, autonomía.

No será necesario utilizar la coacción ni el castigo futuro para que obedezca. «Si continúas portándote mal, por la tarde te quedarás en casa». Este tipo de relación, donde tú ejerces la coerción y la amenaza y, además, luego ejerces la crueldad en el mantenimiento del castigo, porque te han dicho que si te desdices de lo que has prometido es peor porque tienes que demostrar que tienes palabra, no hará falta.

Nos relacionaremos en paz.

Nos relacionaremos en presente.

Quizás tu hijo te haría caso bajo la amenaza, como hacíamos caso nosotros a nuestros padres, pero no es eso lo que queremos. Queremos que nos haga caso porque o bien entiende que lo que dice papá es lo correcto o bien porque confía en papá, ya que le ha demostrado que controla la situación. Y más adelante ya entenderá que papá hacía lo correcto, aunque solo sea porque no podemos dejar la decisión final a una criatura tan pequeña.

Además, ¡el castigo está sobrevalorado! A los humanos no nos funciona. Si el castigo funcionara la humanidad no estaría como está.

El castigo implica un juicio y una condena.

Y la condena nos lleva a la culpa. Y la culpa, al sufrimiento.

No queremos la culpa.

Es mejor convencer que castigar.

Convencer cuesta más, se tarda más tiempo. Pero es claramente mejor. La comprensión de que una cosa no es buena para mí o que no me conviene tiene mucha más fuerza a la hora de afectar a nuestro comportamiento que el miedo a un posible castigo.

Y la comprensión llega.

Más tarde o más templo, la comprensión llega.

El castigo es educar con el miedo.

Y el miedo no lo queremos.

Queremos que nuestro hijo no nos tenga miedo.

Porque si nuestro hijo nos tiene miedo, cuando cometa errores y necesite ayuda, no acudirá a nosotros.

Y le enseñaremos que solo somos felices cuando estamos en paz. Que, aunque la vida no se muestre como él quiere, no por este motivo debe perder la paz.

Y no perderemos la paz si él la pierde.

Y desde la paz disfrutaremos la vida.

Ya acabamos.

Recapitulemos.

Tres ideas.

Tres cosas que tienes que saber.

Primera: no solo debemos cuidar a nuestro hijo, debemos educarlo, debemos conseguir incidir en su comportamiento. Y nos corresponde a nosotros. Lo hacemos desde el amor, la paz, la comprensión y el respeto por su *tempo*. Segunda: mandamos nosotros. Lideramos porque tenemos más conocimiento. No para ser obedecidos, sino para ayudarlos a crecer y a ser autónomos. Pero mandamos. Tercera: nos relacionamos con ellos con patrones repetitivos de conducta. Escogemos los patrones que nos interesen para poder incidir en su comportamiento. Tomamos conciencia de nuestros patrones.

Queda una.

Aquí la tienes...

4

LA CUARTA COSA QUE DEBES SABER

Olvida por un momento las tres primeras cosas que te he dicho que debes saber. Esta es la buena. La decisiva. La única verdaderamente trascendente para tu hijo. La cuarta cosa que debes saber es esta: NO SE TRATA DE SER EL MEJOR PADRE DEL MUNDO, SE TRATA DE SER EL MEJOR «UNO MISMO» POSIBLE. Los hijos son una oportunidad para nosotros mismos. Aprovechemos el nacimiento de nuestro hijo para cambiar cosas. Para mejorar nosotros. Para crecer. Para transformarnos.

Todos y cada uno de los seres humanos tenemos dentro de nosotros una pulsión, la ilusión de que se puede vivir de otra forma. Que tiene que haber otra forma de vivir. Todos lo sentimos, en mayor o menor medida. Muchos nos hemos hecho los distraídos durante mucho tiempo. Muchos todavía están distraídos. Las distracciones son múltiples y variadas. Nuestros padres han estado distraídos también.

Son muchos los seres humanos que sienten que tienen un vacío interior y que no lo quieren atender. No queremos mirar hacia este vacío. Preferimos estar distraídos.

Ahora ha llegado el momento de atender esta pulsión.

Ahora ha llegado el momento de mirar hacia adentro y ver el vacío.

El nacimiento de vuestro hijo es la chispa necesaria.

¡Fuera miedos!

¡Fuera excusas!

Aprovechad a vuestros hijos.

Un hijo te obliga a cambiar.

Eres su referente.

Porque son un espejo.

Porque no les interesa lo que les dices.

Tienes que mostrar lo mejor de ti mismo.

¡A ver qué les enseñas!

¡A ver qué les muestras!

Los humanos hemos construido un mundo que nos vamos transmitiendo de padres a hijos. Un mundo en el que el sufrimiento y el miedo están muy presentes. Y la culpa. Un cóctel muy explosivo.

Pero no es una forma de vivir obligatoria.

De hecho, ninguna otra especie vive así.

Ninguna especie sufre su vida. Es una exclusividad de los humanos.

Hay otras formas de vivir.

Os lo aseguro.

Investigadlo.

Con internet es fácil acceder a nuevas formas de ver las cosas.

Ahora, o en breve, vuestro cerebro os propondrá un pensamiento. Este: «Olvídate. ¿Qué dice este flipado? Las cosas son como son. No se puede vivir de otra forma». Y añadirá: «Además, si lo probaras, todo tu mundo se hundiría. ¡Todo lo que tienes! ¡No hay nada que hacer! ¡Ni lo pienses! ¡Porque estás bastante bien! ¡Podrías estar mucho peor!». Y bla, bla, bla. Ruido mental.

Y después de estos pensamientos, tu cerebro buscará alguna distracción exterior para que no atiendas la posibilidad de vivir de otra forma.

Lo vuelvo a decir.

Hay otras formas de vivir.

Y no hay que irse de donde vives. Ni hay que

LOS HUMANOS HEMOS CONSTRUIDO UN MUNDO QUE NOS VAMOS TRANSMITIENDO DE PADRES A HIJOS. UN MUNDO EN EL QUE EL SUFRIMIENTO Y EL MIEDO ESTÁN MUY PRESENTES. Y LA CULPA. UN CÓCTEL MUY EXPLOSIVO.

PERO NO ES UNA FORMA DE VIVIR OBLIGATORIA.

DE HECHO, NINGUNA OTRA ESPECIE VIVE ASÍ.

abandonar el trabajo que haces. Ni hay que cambiar de pareja.

¿No te lo crees?

¿Quieres una prueba de ello?

¿Necesitas una constatación de que se puede vivir de otra forma?

Mira a tu hijo.

Es un ser humano como tú.

Fíjate bien.

Vive intensamente.

Sin miedo.

Confiado.

Sabe que es atendido.

No sostiene un pasado autorrelatado que le genera una identidad limitadísima y no proyecta un futuro incierto que acaba indefectiblemente con la muerte y el fin de todo.

No necesita la aprobación ni la adoración de los demás para sentirse validado.

Vive en presente.

No vive preocupado.

Vive intensamente.

Descubre cosas nuevas cada día.

Su identidad no depende del pasado.

Vuestro hijo Es.

Ellos son los maestros.

¿Quién es más feliz? ¿Un niño o un adulto?

No hace falta que responda, ¿verdad?

¿Quién debe enseñar a quién?

Cópialo tú a él.

La forma en que viven los niños es «la otra forma de vivir». ¡Existe!

Ellos son la respuesta. Aprovechémosla.

Mi hija me ha enseñado muchas cosas. ¡Muchas!

Ella a mí.

Me ha hecho mejor.

Mucho mejor.

Me ha obligado a quitarme miedos y excusas de encima. ¿No queremos el miedo, verdad? Pues para nosotros tampoco.

Notarán nuestro miedo.

Liberémonos de él.

Confianza en lugar de miedo.

Alegría en lugar de miedo.

Vivir en lugar de sufrir.

En la forma en que he vivido ha influido mucho cómo me han mostrado el mundo mis padres. Unos padres maravillosos, no me entendáis mal. Pero unos padres que me transmitieron el modelo heredado. El sistema de pensamiento humano mayoritario.

Sistema de pensamiento humano mayoritario, pero no obligatorio, insisto.

Y también ha influido en mí el mundo que me han mostrado los medios de comunicación.

Los humanos hemos construido un mundo en el que solo es noticia la mala noticia.

No tiene sentido.

Y a base de tanta mala noticia acabamos dando por normal lo excepcional.

Y el miedo entra en las casas.

¡En mi casa no pasa nada malo!

El miedo cultural y colectivo es una construcción que sustentamos entre todos los seres humanos.

Es un miedo psicológico.

No es real.

Que no cuenten conmigo.

¡Fuera miedos!

Ahora, probablemente, vuestro cerebro os volverá a decir que esto es una utopía y que no hay nada que hacer. Que solo se puede vivir de una determinada forma. Que las cosas son así. Y que el miedo es útil y bla, bla, bla.

Posponed este pensamiento, por favor. Decidle a vuestro cerebro que durante un rato esté callado. Vosotros no sois vuestro cerebro. Vosotros sois quienes lo dirigís. Vosotros mandáis. Que se quede un rato en silencio, por favor.

Seguimos.

El modelo que me transmitieron mis padres me llenó de miedos. Quizás en la superficie de mi personalidad no. Quizás mi personalidad, en muchos aspectos, se mostraba segura. Pero no era cierto. Me mostraba así a menudo, pero estaba muerto de miedo.

Mi seguridad quería esconder el miedo soterrado.

Por ejemplo, tenía mucho miedo de los juicios de los demás.

Nos juzgamos demasiado.

En lugar de ver en el otro un reflejo de algo nuestro.

De algo no resuelto.

Pero no nos lo explican así. El otro es alguien ajeno a mí. Que no tiene nada que ver conmigo. El otro es, en cierta forma, una amenaza.

Influye mucho cómo nos explican las cosas. Nos condiciona mucho.

Expliquemos a nuestro hijo la vida de otra forma.

No sientes lo mismo cuando ves una buena película de miedo que cuando ves una buena comedia. ¡No te lo pasas de la misma forma! Y, generación tras generación, los humanos nos vamos explicando una película de miedo. ¡Y de las buenas! Y entre todos vamos sosteniendo este mundo.

El mundo que vemos es responsabilidad nuestra. Y eso no nos hace culpables. No hay culpables. Hay desconocimiento. Hay inconsciencia. Pero no hay culpa. Todos nos equivocamos. El error se corrige. No se juzga.

Cuando tu cerebro te diga que no hay nada que hacer, que este mundo es así, y tú te lo creas, estarás cerrando a cal y canto la posibilidad de transformarte tú mismo y de transformar el mundo. Y estás tirando al mar la llave que te libera.

Si escuchas a tu cerebro estás condenado al sufrimiento.

Y no pasa nada.

Todo está permitido.

El sufrimiento también.

Sin embargo, no es obligatorio.

Ábrete a la posibilidad de que haya otra forma de vivir.

¿Qué puedes perder?

¡No hace falta que te vayas a una cueva en la montaña!

Ábrete a la posibilidad de que quizás estás equivocado.

¿O es que tú no te equivocas nunca?

¿Y qué pasa si nos hemos equivocado? ¡No pasa nada!

¡No somos culpables de nada! ¡Nos hemos equivocado! ¡Como todo el mundo!

Dejemos de juzgarnos y de juzgar a los demás. ¡Genera mucho sufrimiento! Y no resuelve nada.

Observa tus creencias.

¿Son realmente ciertas? Planteémoslo honestamente. ¿Son realmente ciertas? ¿Lo puedes asegurar al cien por cien? ¿O son solamente creencias humanas que hemos dado por ciertas como colectividad? ¿Son ciertas al cien por cien o son convenciones humanas? Sé honesto contigo mismo.

Cambia las creencias que te generen sufrimiento. Las que te empequeñezcan. Las que te desempoderen. Las que te hagan alimentar el miedo.

Cuestiónate tus pensamientos.

Mira hacia adentro.

Nos han educado para mirar hacia fuera.

Para juzgar a los demás.

Para buscar culpables.

Para castigar.

Cambiémoslo.

Mira hacia adentro.

«Conócete a ti mismo y conocerás a los dioses y al universo», decía el oráculo de Delfos, en la Grecia clásica, hace 2.500 años. Y muchos griegos lo siguieron. Y fueron la civilización más creativa y más disruptiva de la historia de la humanidad.

Conócete a ti mismo y conocerás a los dioses y al universo.

No está nada mal, ¿eh?

Pruébalo.

Ahora es el momento.

Ahora.

El autoconocimiento te abrirá nuevas puertas que te harán transitar nuevos caminos.

Atrévete.

Descubre quién eres.

Descubre por qué estás vivo.

La forma como vivimos es el estándar. Lo «normal». Pero no es normal. Es mayoritaria. Pero no es normal.

Sufrir no es lo normal.

Estar estresado no es lo normal.

Tener miedo no es lo normal.

Tener que correr no es lo normal.

El sufrimiento, el estrés y el miedo son proyecciones mentales. Son construcciones de nuestro cerebro.

Nos hemos identificado tanto con nuestros pensamientos que nos los creemos.

Los damos por ciertos.

Nos hemos creído incluso que es imposible ser felices.

Muchos humanos lo creen.

Tened cuidado con vuestras creencias.

Tienen mucha más fuerza de lo que creéis.

Revisad las que os empequeñecen.

Yo creía que no se podía ser feliz.

Ahora ya no.

Ahora ya he visto que es posible.

Mi perra es feliz.

Mi hija, los primeros años de vida, fue plenamente feliz.

Observándolos me he dado cuenta de cosas.

Por ejemplo: es fundamental vivir en el presente.

Y hacia aquí he ido yo. Darte cuenta del presente es muy poderoso. Hacer acto de presencia. El ahora resuelve muchas cosas. Todas las cosas, de hecho.

Me he detenido.

Me he bajado del caballo que corría y corría.

Ahora lo veo todo diferente. Ya no estoy preocupado sosteniendo mi pasado y estoy menos ocupado proyectando mi futuro. Me he dado cuenta de que me lo inventaba todo.

Ahora y aquí.

También me inventaba lo que piensan los otros de mí. Y me daba miedo su posible juicio. Ahora ya no, que digan lo que quieran. Mi valor nunca está en juego.

No puedo saber qué piensan de mí los demás, ¿verdad? Pues no pierdo ni un minuto. Voy a la mía, respetando todo y a todo el mundo. Hago mi camino desde el amor.

«Ama y haz lo que quieras», dijo san Agustín.

Lo que digan o puedan decir los demás ya no me limita ni me frena. Los escucho, claro que sí, pero desde la tranquilidad de saber que mi valor ya no está en juego.

Lo que digan o piensen de mí los demás no dice nada de mí.

Mi valor no está en juego.

Ya no tengo miedo de los juicios de los demás. De quien seguro que dice cosas el juicio de los demás es, precisamente, de ellos mismos.

Y tampoco juzgo a los demás.

Mi pensamiento no puede explicar por completo a ningún otro ser humano. Por lo tanto, máximo respeto por las decisiones de los demás.

Ellos hacen su camino.

No los juzgo.

Hagan lo que hagan.

Tanto si me gusta como si no lo que hacen o cómo se comportan, ¿quién soy yo para juzgarlos? ¿Acaso yo no me equivoco? ¿Nunca me he equivocado? Pues permito que los demás también se equivoquen. No los juzgo. No los castigo. El error necesita corrección, no condena.

Respeto por los demás.

Y he aprendido a gestionar mi cerebro. A no ser mis pensamientos. A no identificarme. A no tener que defenderlos. Ser simplemente la persona que hay detrás de estos pensamientos en lugar de ser ellos.

Me he entrenado para gestionar mi cerebro. Encenderlo y apagarlo según mis intereses. Yo mando.

Los pensamientos son muy poderosos. Cuando me llega un pensamiento de conflicto lo miro. Miro de dónde procede. Miro si es realmente cierto o es una interpretación mía. Miro qué creencia propia es la causa de ese pensamiento agresivo. Miro qué tengo que deba atender.

La meditación me ha resultado muy útil.

Detener el caballo.

Parar.

Sin pausa no hay pensamiento crítico.

El pensamiento crítico sobre la propia forma de vivir no te lleva al conflicto, te lleva a la paz. En el conflicto ya estás.

Y no hay que virar el timón ciento ochenta grados. Gíralo un poco. Nada. Con un grado es suficiente para empezar. Y a ver qué pasa.

Solo que vires un poco, el destino ya será otro.

Hazlo con dulzura.

Todo lo que te ha pasado te ha pasado de forma perfecta.

No te juzgues.

Estás en el lugar adecuado en el momento adecuado.

No te culpes por nada.

Todos nos equivocamos. No pasa nada.

Todo ha pasado para que estés aquí y ahora, presente. Leyendo estas palabras.

Sé dulce contigo mismo.

Si no hay amor, no se puede ser feliz.

Si tus pensamientos no son amorosos, no habrá felicidad.

Vigila lo que piensas.

Si tus palabras con tu pareja no son dulces y amorosas, no habrá felicidad.

Y no hablo del amor romántico.

Hablo de amor como sinónimo de conocimiento, de plenitud. Hablo de amor como sinónimo de unión. De conexión con uno mismo y con todo su entorno.

Hablo de amor como sinónimo de respeto hacia uno mismo y hacia los demás, hacia todo el mundo, hacia los animales, hacia las plantas, hacia las cosas.

AGRADECEOS CADA
INSTANTE. TOLERAD
EL ERROR. TODOS NOS
EQUIVOCAMOS.
NO QUERAMOS TRANSFORMAR
AL OTRO. NO FUNCIONA.
GENERA SUFRIMIENTO.

Hablo de amor como sinónimo de unidad.

Conocerme a mí mismo me ha transformado en una persona menos preocupada y más consciente de la alegría de vivir.

Alegría simplemente por el hecho de estar vivo.

Como la alegría de tu hijo.

Y conocerme a mí mismo me ha hecho más alegre y tener mucha más autoestima.

Llevo las riendas de mi vida.

Me ha hecho más dulce a la hora de relacionarme con, por ejemplo, mi pareja. Me ha hecho ver que no sirve de nada estar constantemente reprochando cosas. Que es mejor ser dulce. Positivo. Tierno. Que el reproche hace daño a quien lo hace. Que el reproche es un juicio. Que el reproche es una carencia de amor. Que el reproche es una separación, un distanciamiento. Y que si ofreces reproche recibirás reproche. Y sufrirás.

Tener un hijo es fantástico, pero la relación con la pareja se transforma para siempre.

Y posiblemente estaréis más cansados. Sed conscientes.

Cuidaos.

Sed dulces y atentos el uno con el otro.

Lo importante es el crecimiento de vuestro hijo

en un entorno adecuado. En un entorno emocional adecuado. Y el entorno emocional no se puede simular. O hay paz o no la hay. Buscad vuestra paz. Sed paz. Ofrecedla.

No os ataquéis.

No os juzguéis.

No os sintáis atacados.

No os sintáis juzgados.

No queráis tener razón.

Agradeceos cada instante. Tolerad el error. Todos nos equivocamos. No queramos transformar al otro. No funciona. Genera sufrimiento.

Agradecimiento en lugar de juicio.

Y aprended de vuestro hijo. El mundo de los niños es mil millones de veces mejor que el mundo de los adultos. Sus miradas, la forma como miran el mundo, la frecuencia en la que vibran, aquellos ojos tan abiertos... Esa mirada la quiero para mí.

Y no volquéis vuestras frustraciones en ellos. No queráis que lleguen donde vosotros no habéis llegado. Intentad lograr lo que realmente os interesa y apasiona. ¡No tendréis otra vida para hacerlo!

He vuelto a querer estudiar y aprender.

O ahora o nunca.

Seguid a vuestro corazón. Sin miedo.

El corazón nunca se equivoca.

Olvidémonos un poco del cerebro.

No pasa nada. Por mucho que os queráis desprender de él, no podréis. Y no pasa nada. Pero cuestionadlo. Aprended a observarlo. Daos cuenta de las mentiras con que ha sido programado.

Y siempre con la familia delante. La familia es lo primero, naturalmente, pero no os olvidéis de vosotros como seres vivos que tenéis una vida para vivir.

Vosotros sois los protagonistas de vuestras vidas; ¡no viváis a través del hijo!

Sed el espejo en el que se inspire.

No le interesa qué decís, le interesa qué hacéis.

¡Haced cosas que realmente os apasionen! ¡Huid, en lo posible, de las cosas que os aburran!

Rebelaos contra lo que no os gusta de vuestra vida. ¡Intentad cambiarlo!

¡Cambiad!

No os quedéis quietos haciendo el llorica.

Dulcemente.

Desde la alegría.

O ahora o nunca.

¡Ahora!

¡Seréis mucho más felices!

Si quieres que tu hijo toque el piano, aprende a tocarlo tú también. Aprendedlo juntos. Si quieres que tu hijo aprenda el inglés, ¡apréndelo tú también!

¡Sé un ejemplo! Disfrutarás tú y, además, le transmitirás tu autoestima y tus ganas de vivir y de hacer cosas.

Ahora ya eres lo bastante mayor para conocer tus puntos fuertes y para saber qué te gusta realmente. ¡Saca partido de ello!

Deja mandar al corazón.

Quizás cuando eras joven y tuviste que decidir qué serías de mayor no tuviste ni las herramientas, ni la experiencia ni el conocimiento para acertar de pleno. Aprovéchalo ahora.

Busca con todas tus fuerzas dedicar el máximo de tiempo a aquello que amas, a aquello que harías de forma gratuita.

Sé un padre feliz.

Sé un padre en paz.

Esto es lo único relevante que puedes enseñar a tu hijo.

Vira el timón hacia la pasión.

¡Fuera excusas!

¡Ve a por todas!, con respeto, siempre con respeto. Respeto hacia uno mismo y hacia los demás y el entorno.

Pero dándolo todo para exprimir la vida y para exprimirse a uno mismo.

Dulcemente.

No juzguemos.

No juzguemos lo que hemos vivido.

No juzguemos a los demás.

Todo ser humano tiene derecho a hacer su camino y a equivocarse tantas veces como haga falta.

Respetemos a todo el mundo.

Sin juicios.

Todos nos equivocamos.

Sin miedos.

Sin reproches.

¡Esto quiero que lo aprenda mi hija!

¡Así la quiero educar!

¡Que viva la vida con la intensidad y la confianza que la vida se merece!

Pero primero lo tengo que vivir yo así.

Siempre con la familia presente.

Sin miedos.

Sin juicios.

Unidos.

Alegría de vivir.

Alegría de vivir solo por el mero hecho de estar vivo.

¡Estar vivo y ser consciente no es poca cosa!

A comerse el mundo.

A cada instante.

Con alegría.

A cada instante.

EPÍLOGO

He hablado siempre de que eran cuatro las cosas que debes saber, las que explicaba este libro.

Pero hay una quinta.

Perdón.

Es corta.

Como he dicho al comienzo, este libro es para padres. Para hombres. Porque los hombres queremos un papel nuevo en la crianza de nuestros hijos, pero la crianza de un hijo acostumbra a ser cosa de dos personas. Lo más habitual es que sea cosa de padre y madre. No es ni bueno ni malo. Ni obligatorio.

Es cultural.

Así pues, hay otra persona además de nosotros.

La madre.

Las madres tienen una relación más de piel a piel con el hijo. Los vínculos inconscientes e invisibles son extremadamente fuertes y extremadamente intensos.

Mucho más que los nuestros. Una relación muy profunda y también muy mágica.

¿Cómo tiene que ser engendrar una vida dentro de ti? Los hombres no nos lo podemos ni imaginar.

Además, las madres tienen mucha más presión social y cultural para ser buenas madres, para hacer las cosas de la forma correcta, que la que tenemos los hombres. El inconsciente colectivo presiona mucho más a las madres.

Nosotros, a pesar de que también tengamos una relación potentísima con nuestro hijo, podemos ser algo más fríos, y desde la pequeña —pequeñísima— distancia, ayudar.

La última idea del libro...

5

LA QUINTA COSA QUE DEBES SABER

La quinta cosa que debes saber es que ES TRABAJO TUYO EXPLICAR LO QUE HAS LEÍDO A LA MADRE (O A LA PAREJA). Que se lo expliques. Que lo pongas en común. Que habléis de aquello en lo que estáis de acuerdo y de aquello en lo que no.

Desde la paz.

Sin querer tener razón.

Respetando la opinión de tu pareja.

Respetando su ritmo.

Los hijos cuestionan todas nuestras creencias.

Que tu pareja lea el libro.

Este libro es un punto de partida. No quiere tener respuestas. Las respuestas las tenéis que ofrecer vosotros y tienen que ser vuestras y solo vuestras. Y tienen que ser en función de vuestros valores y de

ESTE LIBRO ES UN PUNTO DE PARTIDA. NO QUIERE TENER RESPUESTAS. LAS RESPUESTAS LAS TENÉIS QUE OFRECER VOSOTROS Y TIENEN QUE SER VUESTRAS Y SOLO VUESTRAS. Y TIENEN QUE SER EN FUNCIÓN DE VUESTROS VALORES Y DE CÓMO QUERÉIS QUE VUESTRO HIJO SE COMPORTE. VOSOTROS SOIS LOS PEDAGOGOS DE VUESTRO HIJO.

cómo queréis que vuestro hijo se comporte. Vosotros sois los pedagogos de vuestro hijo.

Pero trabajáis la paz.

Acostumbraos a hablar entre vosotros de vuestro hijo en paz.

Y acostumbraos a llevaros la contraria y a no enfadaros si os la llevan.

Nadie os ataca.

No queráis tener razón.

Si con algo no estáis de acuerdo, habladlo. No os lo guardéis adentro. Necesitamos verbalizar lo que sentimos. Haced un patrón de comportamiento.

Los dos queréis lo mismo. Pero a veces tenéis puntos de vista diferentes. No pasa nada. Son opiniones complementarias, no opuestas.

Tened una cosa clara: ninguno de los dos tiene la razón.

Ninguno de los dos tiene la razón.

Asumid esto y nunca os pelearéis.

Los humanos preferimos tener razón a vivir en paz.

Nosotros no. Preferimos la paz.

De la paz sale sabiduría.

Complementaos. Sumad las opiniones. Saldrá más sabiduría que si queréis imponer la vuestra.

Y no seáis reactivos cuando se produce una escena

complicada. Cuando hay tensión, mejor callar. Cuando hay tormenta, mejor no querer convencer al otro.

Si hay una escena conflictiva, calláis.

Permitidla sin intervenir.

Como si fuera una emoción que se tiene que pasar.

Dejad que la tormenta se desarrolle de forma completa.

Ofreced vuestra paz.

Hablad cuando se haya acabado la escena.

Cuando haya paz.

Hablar de cómo os relacionáis con vuestro hijo es un patrón que nos interesa. Fomentadlo.

Estableced un día para hacer balance de la semana.

E incorporad a vuestro hijo cuando sea más mayor.

No pongáis en marcha el televisor durante las comidas familiares.

Conversad sobre vosotros.

De cómo os sentís.

Acostumbraos a hablar de vuestros sentimientos. De lo que os preocupa, de lo que os ocupa. De vuestro trabajo. Hablad ante vuestros hijos.

Preguntadles cómo se sienten.

Por dentro.

Además de preguntar qué han hecho, preguntadles cómo se sienten. Cómo se sienten por dentro.

Lo que les pasa por dentro es lo más decisivo.

La relación de poder entre los padres (madre y padre) tiene que ser equilibrada. El hijo es el vínculo más importante que tenéis, y una relación equilibrada de pareja, en la que todo el mundo pueda opinar libremente sin miedo, es un patrón que nos interesa. Sin juicio.

La relación entre padre y madre tiene que ser una relación donde ninguno de los dos tenga miedo.

Respeto.

Hay padres que no osan decir nada a la pareja a pesar de no estar de acuerdo con algunas actuaciones suyas. Y, despacio, silencio tras silencio, se desentienden de liderar la educación del hijo. Ceder el liderazgo a la pareja no es un patrón que nos interese. Sobre todo si la pareja, por ella sola, no lo sabe hacer. Si la pareja no lo sabe hacer, es muy posible que todo ello acabe en separación.

No tengáis miedo de decir que una cosa la haríais de otro modo. Dentro de la pareja tiene que haber la libertad y la confianza para poder ser sinceros.

Sin reproches.

Sin juicios.

Sin querer tener razón.

Para sumar.

Para mejorar.

El desarrollo de vuestro hijo es lo más importante.

Aunque tengáis opiniones opuestas, el objetivo es el mismo.

Avanzáis juntos.

A trabajar, pues.

No hay más remedio.

¡A reír!

¡Sois los directores y protagonistas de la obra!

¡Hacedla divertida!

Es una oportunidad maravillosa.

Una experiencia única e incomparable.

Y no os presionéis para ser padres perfectos.

No hay padres perfectos.

Y no pasa nada.

Vuestro valor no está en juego.

¡Equivocaos cuanto más mejor!

¡Viva el error!

No hay culpa.

Y no hay que hacer todo lo que os dicen que tenéis que hacer.

No hace falta que hagáis todo lo que dice este libro.

Coged lo que os parezca útil y olvidad el resto.

Haced lo que queráis y podáis.

No os presionéis.

Todo pasa de forma perfecta.

Amaos a vosotros y amad a vuestro hijo.

Amad cada instante.

Y fuera miedos.

¡Confianza!

¡Está todo pensado para que seáis felices!

¡A disfrutar!

A disfrutar la vida por el solo hecho de estar vivos.

Que no es poco.

Mucha suerte.